Le Livre de Poche

Jeunesse

TROIS VŒUX

Qui est l'auteur ?

Deborah Ellis est née dans l'Ontario, où elle a passé ses années de jeunesse. Aujourd'hui, elle travaille à Toronto, comme conseillère pour une association familiale. Militante pour la non-violence dès l'âge de dix-sept ans, Deborah Ellis rejoint la ville de Toronto, après ses études secondaires, afin de militer pour la paix. Plus tard, elle s'investit dans un mouvement en faveur de l'égalité des femmes, centré sur les droits des femmes et la justice économique. Mais son engagement le plus fort est politique : Deborah Ellis est une fervente partisane de la politique antimilitariste.

DEBORAH ELLIS

TROIS VŒUX

Paroles d'enfants palestiniens et israéliens

Traduit de l'anglais par Raphaële Eschenbrenner

HACHETTE Jeunesse

DU MÊME AUTEUR DANS
Le Livre de Poche Jeunesse

Parvana – Une enfance en Afghanistan
Le voyage de Parvana
Binti, une enfance dans la tourmente africaine

L'édition originale de cet ouvrage
a paru en langue anglaise
chez Groundwood Books Ltd., Canada,
sous le titre :
Three Wishes : Palestinian and Israeli Children Speak

Durant la Première Guerre mondiale,
15 % des victimes étaient des civils.
Durant la Seconde Guerre mondiale,
50 % des victimes étaient des civils.
En 2004,
90 % des victimes de la guerre étaient des civils.

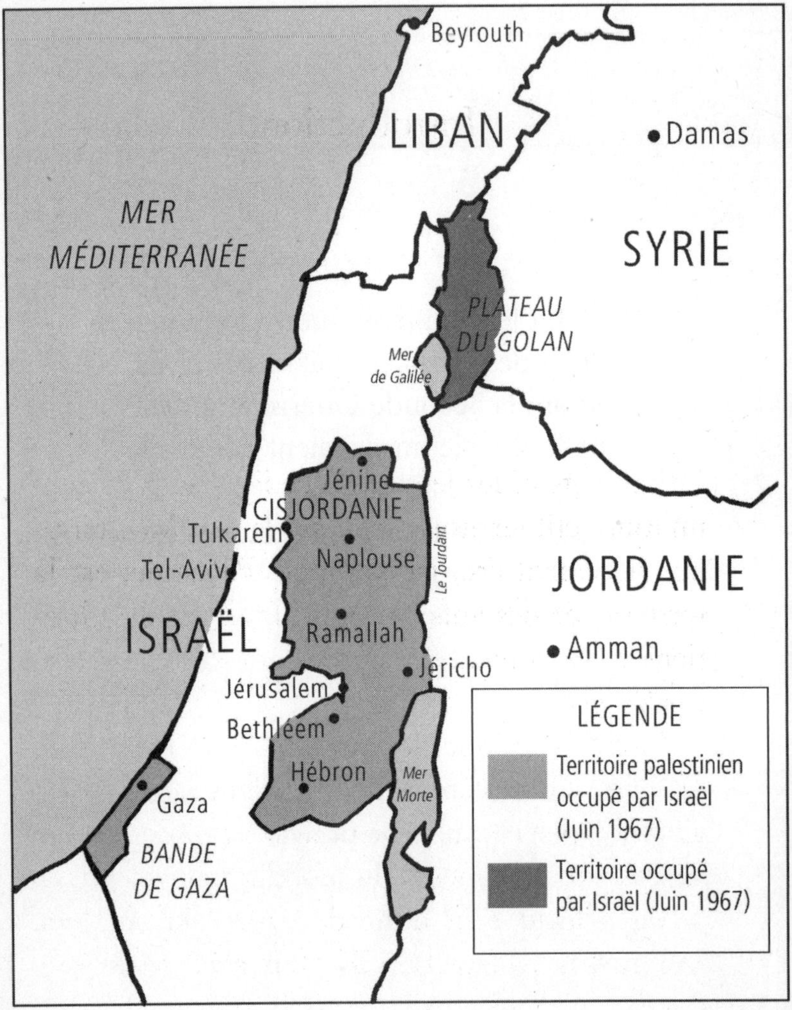
Beyrouth
LIBAN
Damas
MER
MÉDITERRANÉE
SYRIE
PLATEAU
DU GOLAN
Mer
de Galilée
Jénine
CISJORDANIE
Tulkarem
Naplouse
Tel-Aviv
Le Jourdain
JORDANIE
ISRAËL
Ramallah
Amman
Jéricho
Jérusalem
Bethléem
Hébron
Mer
Morte
Gaza
BANDE
DE GAZA
LÉGENDE
Territoire palestinien
occupé par Israël
(Juin 1967)
Territoire occupé
par Israël (Juin 1967)

Introduction

Les enfants et les jeunes de ce livre se partagent un tout petit territoire situé sur la mer Méditerranée. Ce territoire, jadis appelé Palestine, est la terre sacrée des juifs, des musulmans et des chrétiens, mais connaît la guerre depuis plus de cinquante ans.

Après le génocide qui eut lieu durant la Seconde Guerre mondiale, de nombreux juifs vinrent à penser qu'ils ne pouvaient plus compter sur les gouvernements du monde pour les protéger. Ils décidèrent donc de s'installer sur leur propre terre d'Israël où ils pourraient vivre sans peur des persécutions ou des exterminations. Il y avait néanmoins un gros problème. Une population arabe – les Palestiniens – y vivait déjà. Leurs familles y étaient enracinées depuis plusieurs générations, élevant du bétail et cultivant des terres, établissant des villes et des entreprises.

Les juifs et les Arabes ont tous deux de profondes racines sur cette terre – des racines remontant à des milliers d'années. Autrefois, ils y cohabitèrent souvent en paix. Mais au cours du siècle dernier, alors que les Arabes estimaient avoir droit à la terre qui avait été octroyée aux juifs en tant que leur nouvel État, des problèmes surgirent.

En 1947, les Nations unies créèrent un plan pour séparer la Palestine en deux États – un État juif et un État arabe.

Les Palestiniens et les pays arabes voisins rejetèrent le plan, mais en mai 1948 Israël déclara son indépendance, et l'invasion des forces armées de Jordanie, d'Égypte, de Syrie et du Liban déclencha la guerre d'Indépendance israélienne. À la fin de cette guerre, Israël contrôlait la quasi-totalité de la Palestine, et de nombreux Palestiniens s'enfuirent dans les pays voisins ou s'installèrent dans des camps de réfugiés sur leur propre terre. Aujourd'hui, ils vivent encore dans ces camps.

Le conflit se poursuivit, attisant les tensions entre Israël et ses voisins arabes, et déboucha en 1967 sur la guerre des Six-Jours. Quand cette guerre se termina, Israël occupait la péninsule du Sinaï, la bande de Gaza, et s'était emparé d'une partie de la Jordanie – la Cisjordanie – et du plateau du Golan de la Syrie. Suite à cette guerre, la Palestine est aujourd'hui divisée entre Israël et deux zones (la Cisjordanie et la bande de Gaza) que l'on appelle les Territoires palestiniens. Depuis, les Nations unies ont demandé à Israël de retirer ses troupes, mais les Israéliens et les Palestiniens n'ont pas réussi à parvenir à un accord concernant ce retrait.

Cet incessant conflit signifie que les enfants habitant sur cette terre endurent une guerre constante. Parfois, cela implique de vivre au milieu d'explosions, de tirs, et sous des hélicoptères de combat. Parfois, cela signifie avoir des amis victimes d'attentats à la bombe dans un bus.

Il est impossible d'échapper à cette guerre. Elle a divisé les familles, transformé des voisins en ennemis, conduit des gens innocents à se méfier les uns des autres.

En novembre et en décembre 2002, j'ai passé quelques semaines en Israël et dans les Territoires palestiniens. Au cours des mois précédant mon séjour, un important nombre d'attentats à la bombe perpétrés par des kamikazes palestiniens avaient eu lieu. Les Israéliens avaient riposté en envoyant leurs troupes dans les villages et les camps de réfugiés palestiniens, plaçant quasiment tous les Palestiniens en résidence surveillée ou leur imposant le couvre-feu. Durant ma visite, ce couvre-feu était toujours imposé, par intermittence, limitant ainsi ma liberté de mouvement et m'obligeant à annuler plusieurs interviews planifiées avant mon départ du Canada. Prendre conscience que des projets élaborés en toute bonne foi pouvaient être modifiés par des forces extérieures fut pour moi une bonne leçon sur les frustrations quotidiennes auxquelles sont confrontés les gens qui vivent là-bas.

J'ai demandé aux enfants que j'ai rencontrés de me parler de leur vie, de ce qui les rendait heureux ou furieux, de ce qui leur faisait peur, et de l'impact que la guerre avait eu sur eux. Ils m'ont confié leurs vœux. Certains de leurs témoignages renferment de l'espoir. D'autres sont troublants et même choquants. Mais ils renvoient l'image du monde dans lequel ces jeunes vivent.

Vue de la terre où vivent les Israéliens et les Palestiniens

J'ai rencontré certains de ces enfants par hasard, en m'arrêtant boire un café dans un MacDonald's ou en visitant un hôpital. D'autres m'ont été présentés par le biais d'organisations internationales luttant contre la démolition des maisons ou aidant les enfants israéliens traumatisés par la violence. Tous ces jeunes m'ont parlé avec le consentement de leurs parents ou de leurs tuteurs. Cette autorisation fut parfois révoquée quand des adultes découvraient que j'interviewais en même temps des Israéliens et des Palestiniens. Les histoires de ces enfants-là ne figurent donc pas dans ce livre.

La guerre au Moyen-Orient dure depuis si longtemps et se présente sous tant de formes différentes qu'elle semble souvent éternelle. Mais la guerre, comme presque tout ce que les humains font, est un choix. Créer des armes est un choix. Laisser un enfant mourir de faim ou boire de l'eau non potable est un choix.

Rester en retrait et ne pas agir pour arrêter quelque chose de néfaste est un choix.

Les enfants de ce livre racontent comment le choix d'autres gens a eu un impact sur leur vie.

L'histoire de la région et de ses peuples est un fardeau qui a été placé, sans ménagement, sur leurs épaules.

Deborah Ellis
Toronto, 2004

Depuis le début de la guerre au Moyen-Orient en 1948, cent vingt mille personnes sont mortes. Entre le 29 septembre 2000, quand la seconde Intifada ou soulèvement palestinien contre l'occupation israélienne a débuté, et le 7 mars 2003, trois mille trois cent quatre-vingt-dix-neuf personnes ont péri. Parmi elles, ont été recensés quatre cent vingt-neuf enfants âgés de moins de dix-huit ans.

Voici les noms de ces enfants :

Khalid al-Baziyan, 15 ans
Mohammed Jamal Mohammed al-Durra, 12 ans
Samer Tabanjah, 12 ans
Iyad Ahmed al-Khashee, 16 ans
Hasan Bakhit, 17 ans
Musleh Abu-Jarad, 17 ans
Wa'el Mohammed Qattawi, 16 ans
Hussam Ismael al-Hamshari, 16 ans
Mohammed Abu-Assi, 12 ans
Majdi Samer Maslamani, 15 ans
Yousef Khalaf, 17 ans
Sami Hassan Salmi, 17 ans
Sami Fathi Abu-Jazar, 12 ans
Moayad Osama Ali Javarish, 14 ans
Ala'a Bassam Bani Nimreh, 13 ans
Samer Iweissi, 15 ans

Tha'er Daoud Mualla, 17 ans
Mohammed Adel Hasan Abu Tahoun, 16 ans
Omar Ibrahim al-Buheisi, 16 ans
Majib Ibrahim Hawamdeh, 15 ans
Wa'el Hassan a Nashit, 12 ans
Salah Eddin Fawzi Niejem, 15 ans
Sa'ed al-Tanbour, 17 ans
Ashraf Habayeb, 15 ans
Nidal Zudhi al-Dbeiqi, 17 ans
Iyad Sami Sha th, 14 ans
Ala'a Mohammed al-Jawabeh, 14 ans
Bashir Saleh Mousa Selweit, 15 ans
Hussni al-Najjar, 14 ans
Tha'er Ibrahim Abu Zeid, 17 ans
Ahmad Suleiman Abu-Tayeh, 14 ans
Mohammed Hajay, 14 ans
Ibrahim Omar, 14 ans
Yazan Halayquah, 15 ans
Khaled al-Khatib, 17 ans
Rami Ahmad Abdel-Fattah Muae, 15 ans
Maher Mohammed al-Sa'idi, 16 ans
Mohammed Nawaf al-Ta'aban, 17 ans
Wajdi al-Hattab, 13 ans
Fares Odeh, 14 ans
Kalil Abu Sa'ad, 15 ans
Ibrahim Qassas, 13 ans

Raed Dawoud, 14 ans
Mohammed Ghali, 15 ans
Khaled Zahra, 17 ans
Mohammed Abed Sharab, 17 ans
Osama Salem Azouqa, 15 ans
Osama Sameer Jarjawi, 17 ans
Mousa Ibrahim, 14 ans
Bassel Abu Kammer, 15 ans
Mahmoud abu Naji, 15 ans
Yehya Abu Shamaleh, 17 ans
Sabir Barash, 15 ans
Mohammed Khater Mohammed Ajleh, 13 ans
Jadua Abu Kbash, 15 ans
Ibrahim Abdel Jaadi, 15 ans
Ahmed Sha'aban, 17 ans
Muhammed Abu Rayan, 16 ans
Abdel Dahshan, 14 ans
Ibrahim Ahmed Othman, 16 ans
Yasser Nabatite, 16 ans
Ibrahim Muqannen, 14 ans
Ayssar Hasseis, 14 ans
Majdi Abed, 15 ans
Mahmoud Mansour Adwan, 16 ans
Mahdi Jaber, 16 ans
Karem el Kurd, 14 ans
Mohammed Abdallah Mashharawi, 14 ans

Waleed el Badan, 17 ans
Mohammed el Aya, 12 ans
Medhat Mohammed Jadallah, 14 ans
Mahmoud Yehya, 17 ans
Amar Samir Mashni, 16 ans
Mu'ataz Telakh, 16 ans
Salim Mohammed Hamaydeh, 12 ans
Ahmed Qawasmi, 14 ans
Mohammed Amin Mohammed Daoud, 17 ans
Hani al-Soufi, 14 ans
Arafat Jabarin, 17 ans
Mu'ath Ahmed Hadwan, 12 ans
Benyamin Bergman, 15 ans
Ofir Rahum, 16 ans
Shalhevet Pass, 10 mois
Eliran Rosenberg-Zayat, 15 ans
Naftali Lanzkorn, 13 ans
Yossi Ish-Ran, 14 ans
Kobi Mendell, 14 ans
Marina Berkowizki, 17 ans
Anya Kazachkov, 16 ans
Katherine Kastaniyade-Talkir, 15 ans
Alesksei Lupalu, 16 ans
Mariana Medvedenko, 15 ans
Irina Nepomneschi, 16 ans
Yulia Nelimov, 16 ans

Raisa Nimrovsky, 15 ans
Liana Sakiyan, 16 ans
Maria Tagilchev, 14 ans
Avraham Nahman Nitzani, 17 ans
Yevgenia Dorfman, 15 ans
Yehuda Shoham, 5 mois
Ronen Landau, 17 ans
Michal Raziel, 16 ans
Malka Roth, 15 ans
Raiaya Schijveschuurder, 14 ans
Avraham Yitzhak Schiveschuurder, 4 ans
Hemda Schijveschuurder, 2 ans
Tamara Shimashvili, 8 ans
Jocheved Shoshan, 10 ans
Aliza Malka, 17 ans
Shoshana Ben Ishai, 16 ans
Menashe Regev, 14 ans
Assaf Avitan, 15 ans
Israel Ya'akov Danino, 17 ans
Yair Amar, 13 ans
Golan Turgeman, 15 ans
Adam Weinstein, 14 ans
Ido Cohen, 17 ans
Omar Khaled Farouq, 10 ans
Mohammed Sharef, 15 ans
Safwat Isam Qeshtah, 16 ans

Issa Ibrahim El Amori, 14 ans
Ahmed Abdel Razek Abu Huli, 15 ans
Hussan Imad El Diesi, 15 ans
Obi Mohammed Daraj, 9 ans
Mohammed Malmoud Halss, 13 ans
Murtaja Amir, 17 ans
Mahmoud Aldrawesh, 11 ans
Yehya Fathi el Sheikh Eid, 12 ans
Mahmoud Abu Sheihadeh, 16 ans
Ahmed Maraheil, 16 ans
Lo'ay el Tamimi, 11 ans
Ahmed el Assar, 16 ans
Sawkat Hassan Alami, 14 ans
Hamzah Khader Obed, 14 ans
Rami Mousa Ghareb, 16 ans
Bara el Sha'er, 10 ans
Mohamad Mhareb, 11 ans
Iman Hameed Hijo, 4 mois
Hussam Tafesh, 16 ans
Mohammed Salem, 15 ans
Ala Adel e Buji, 15 ans
Ahmed Saleh Abu el Helou, 17 ans
Ali Abu Shaweish, 10 ans
Adel Muqannen, 16 ans
Ahmed Yassin, 15 ans
Murad Al Masri, 14 ans

Khalil Ibrahim Al Mughrabi, 11 ans
Tariq Abu Dab at, 17 ans
Rifa Al Nahal, 15 ans
Bilal Abdel Mun'em, 9 ans
Ashraf Abdel Mun'em, 6 ans
Muhamad Subhi Abu Arar, 13 ans
Enas Zeid, 7 ans
Muhamad Al-Ajouz, 15 ans
Ibrahim Saraf, 14 ans
Tamer Riyad Zo'rab, 17 ans
Mohammed Samer Abu-Libdeh, 15 ans
Balqees Fathi Al-qaida, 12 ans
Ramzi Khalel Hasoneh, 17 ans
Emad Atta Zo'roub, 15 ans
Mahmoud Jalal Qeshta, 16 ans
Mo'aweya Ali Alnahal, 14 ans
Mohamed Fathi Altarayera, 10 ans
Mahmoud Ali Soukar, 16 ans
Musen Fahed Arar, 17 ans
Reham Abu Elward, 10 ans
Basel Elmobasher, 13 ans
Yousef Abayaat, 15 ans
Ahmad Yousef Abu Mandeel, 17 ans
Naseer Hani Qur'an, 13 ans
Fouad Al Dahshan, 17 ans
Ahmad abu Mustafa, 13 ans

Mohammed Naem Kareem Al-Astal, 13 ans
Akram Naem Mohammed Al-Astal, 6 ans
Anees Edrees Mohammed Al-Astal, 10 ans
Omar Edrees Mohammed Al-Astal, 12 ans
Mohammed Sultan Mohammed Al-Astal, 11 ans
Wael Ali Radwan, 15 ans
Aayat Al-Akhras, 17 ans
Kefah Khaled Ebeed, 14 ans
Mohammed Abu Marsa, 15 ans
Borham Ibrahem Al Hemoni, 3 ans
Shadi Ahmad Arafeh, 13 ans
Ahmmed Al-Masri, 15 ans
Yousef Al Najar, 11 ans
Ammar Mohammed Al Ghaleth, 16 ans
Yaseer Sami Al Kasbeh, 11 ans
Mohammed Jam'an Hnedeq, 12 ans
Ahmad Mohammed Banat, 15 ans
Mohammed Ahmad Lbed, 16 ans
Mohammed Al-Madhoun, 16 ans
Nehemia Amar, 15 ans
Rachel Thaler, 16 ans
Liran Nehmad, 3 ans
Lidor Ilan, 12 ans
Ya'akov Avraham, 7 mois
Avia Malka, 9 mois
Rachel Levy, 17 ans

Adi Shiran, 17 ans
Elmar Dezhabrielov, 16 ans
Netanel Riachi, 17 ans
Avraham Siton, 17 ans
Hadar Hershkowitz, 14 ans
Galila Bugala, 11 ans
Neria Shabo, 16 ans
Avishai Shabo, 5 ans
Sarah Tiferet Shilon, 8 mois
Osnat Abramov, 16 ans
Hadas Turgeman, 14 ans
Hodaya Asraf, 13 ans
Yafit Ravivo, 14 ans
Noy Anter, 12 ans
Gavriel Hoter, 17 ans
Yael Ohana, 11 ans
Karen Shatsky, 15 ans
Shiraz Nehmad, 7 ans
Shaul Nehmad, 15 ans
Oriah Ilan, 18 mois
Avraham Eliahu Nehmad, 7 ans
Atara Livne, 15 ans
Gal Ron, 15 ans
Danielle Shefi, 5 ans
Sinai Keinan, 5 mois
Gilad Stiglitz, 14 ans

Adi Dahan, 17 ans
Shani Avi-Zedek, 15 ans
Gal Eisenman, 5 ans
Zvika Shabo, 12 ans
Yonatan Gamliel, 16 ans
Linoy Saroussi, 14 ans
Gaston Perpinal, 15 ans
Ilan Perlman, 8 ans
Michael Sharshevsky, 16 ans
Dvir Anter, 14 ans
Mohammed Ali Joudeh, 16 ans
Samer Sami Alkasbeh, 15 ans
Lo'ai Mohammed Adeli, 15 ans
Fadi Al'Azizi, 16 ans
Samir Abu Myala, 13 ans
Mas'od Abu Jalal, 17 ans
Muna al-Ja'aysah, 10 ans
Mohammed al-Nims, 17 ans
Nurah Jamal Shalhub, 16 ans
Lu'ay Thabaiah, 16 ans
Mahmoud al-Talalqah, 7 ans
Inas Ibrahim Salah, 9 ans
Ahmad Hashash, 15 ans
Bara Abu Kwaik, 17 ans
Mohammed Abu Kwaik, 8 ans
Arafat al-Masri, 7 ans

Sa'ed Ali Subaih, 16 ans
Shayma Emad Al-Masri, 7 ans
Yousef Shihada, 17 ans
Tariq Abu Jamoos, 17 ans
Mahmoud Ma'moun al'Bitar, 9 ans
Sayyed Faiz Abu Sayfein, 14 ans
Mahmoud Tayseer Ghanim, 15 ans
Rawan al-Jabrini, 15 ans
Amani al Awawdah, 16 ans
Salem al Awawdah, 9 ans
Tariq al Awawdah, 8 ans
Sha'ima Sa'yed Hamad, 11 ans
Mujahied Abu Shabab, 2 ans
Mohammed al-Maghibi, 10 ans
Riham Abu Taha, 4 ans
Mahmoud Abu Yasien, 13 ans
Hamadah Akram al-Siqali, 14 ans
Khaled Ra'rour, 17 ans
Faiz Khaled Salah, 13 ans
Issa Da'doub, 15 ans
Hani Abu Irmali, 16 ans
Mohammed Hawashien, 13 ans
Dina Sawaftah, 13 ans
Rubien Jamil al-Khadour, 15 ans
Salwa Hamed Dahliez, 12 ans
Sumaya Najieh Hassan, 6 ans

Esra Othman, 10 ans
Asad Faisal Qarini, 10 ans
Saed Subhi al-Wahesh, 10 ans
Amjad Ahmad Abdah, 11 ans
Mofasim Rahal, 16 ans
Ahied Abu Ebad, 5 ans
Abdallah al-Shabi, 8 ans
Azam al-Shabi, 7 ans
Anass al-Shabi, 4 ans
Qussi Farah Abu Eishah, 12 ans
Haitham Abu Shouqa, 16 ans
Mahmoud Fadel Abu Zahriah, 9 ans
Tabaruk Jaber Odeh, 4 ans
Ali Qashier, 14 ans
Mahmoud Abu Shawqa, 15 ans
Farah Hikmat Adwan, 4 ans
Amyn Ziad Thawabta, 13 ans
Anwar Hamduna, 13 ans
Yousef Basseil Zakut, 14 ans
Ismail Abu Nadi, 13 ans
Assad Faisal Assan, 12 ans
Eman Mohammed Abu Khousa, 17 ans
Osama al-Jabarien, 16 ans
Huda Abu Shalof, 2 ans
Abed Ismail, 11 ans
Fadi Hassan al-Ajlouni, 7 ans

Tamar Abu-Serrieh, 9 ans
Majdi Mohammed Ibrahim, 17 ans
Salem Sami el-Shaer, 15 ans
Mohsen Atiyeh Jabr, 17 ans
Ameed Abu-Seer, 7 ans
Mohammed Talal Kassab, 17 ans
Habash Sameer Hanani, 17 ans
Murad Abu Alkam, 16 ans
Ali'abu Sitta, 17 ans
Jamil Abu Aziza, 12 ans
Ahmed Yousef Abu Aziza, 6 ans
Firas Hussam al-Sadi, 13 ans
Sujoud Ahmad Turki Fihmawi, 6 ans
Abdel Shamlakh, 10 ans
Bassam al-Sady, 7 ans
Mohammed Ayesh, 17 ans
Mohammed Ahmad Mubark, 14 ans
Nour al-Hindy, 2 ans
Shukri Fa'ed Abdel-Haj, 6 ans
Moen Ali Al-Adini, 13 ans
Ahmad Jawad Abu-Radaha, 13 ans
Iman Shihada, 15 ans
Ayman Matar, 18 mois
Mohammed Matar, 4 ans
Diana Matar, 5 ans
Subhi al-Huwaiti, 4 ans

Mohammed al-Huwaiti, 6 ans
Ahmad al-Shawa, 6 ans
Alaa' Mohammed Matar, 5 ans
Dina Matar, 2 mois
Saed Hanani, 17 ans
Niveen Silmi, 3 ans
Asma Ahmad, 9 ans
Hamza Dweekat, 13 ans
Adel Ghiben, 17 ans
Ayman Basem Fares, 5 ans
Ayman Zo'roub, 15 ans
Mohammed Abu Odah, 14 ans
Nihad Othman al-Hajeen, 17 ans
Abdel-Hadi al-Hamaideh, 13 ans
Bahira Daraghmeh, 6 ans
Osama Daraghmeh, 8 ans
Sari Suban, 15 ans
Yazan Abdel Razeq, 15 ans
Abdel Sadi, 16 ans
Abdel Hamail, 10 ans
Abdel Salam al-Gharbali, 14 ans
Waled al-Mghani, 14 ans
Gharam Mana, 14 ans
Rami Barbari, 10 ans
Mahmoud al-Zaghloul, 10 ans
Mohammed Zaid, 16 ans

Ammar Rajab, 16 ans
Ahman Al-Astal, 17 ans
Mohammed al-Astal, 15 ans
Maisa Imad-Zanoun, 12 ans
Mohammed Asher, 16 ans
Ihab Al-Mughair, 17 ans
Thaer al-Hut, 12 ans
Tawfic Braikeh, 4 ans
Shayma Shamalah, 7 ans
Mohammed Hilal, 12 ans
Ahmad Abu Jafar, 12 ans
Mahmoud Abu Mour, 16 ans
Salem Al Shaer, 13 ans
Fouad Abu Ghali, 15 ans
Ahmad Anbass, 16 ans
Eyad Abu Tah, 17 ans
Nafeth Khaled Mashal, 2 ans
Mohammed Abu Al Nijah, 8 ans
Hammed Asad Al-Masri, 4 ans
Mohammed Taher Iwajan, 17 ans
Omran Moustafa, 17 ans
Ibrahim Al Sadie, 17 ans
Eihab Al Zaqleh, 15 ans
Amrou Al Qudsi, 15 ans
Mohammed Balalou, 11 ans
Abed Allah Al Natsheh, 16 ans

Jehad Al Faqih, 8 ans
Abbas Al Atrash, 3 ans
Hatem Rizek Al Agaleh, 16 ans
Mo'ataz Kamal Odeh, 16 ans
Jawad Zidan, 15 ans
Ala'a Alsadodi, 15 ans
Nada Madi, 15 ans
Hanin Abu Sillah, 13 ans
Mohammed Fekr Braik, 14 ans
Abed Salameh, 8 ans
Imran Abu Hamdeyah, 16 ans
Kamar Abu Hamed, 12 ans
Smadar Firstater, 16 ans
Daniel Haroush, 16 ans
Tom Hershko, 15 ans
Tal Kerman, 17 ans
Yuval Mendelevitch, 13 ans
Elizabeth Katzman, 16 ans
Abigail Litle, 14 ans
Azzaf Tzur, 17 ans
Mohammed Dawas, 16 ans
Tareq Dawas, 15 ans
Jehad Abed, 15 ans
Tareq Abu Jado, 15 ans
Mohammed Kawarea, 15 ans
Iyad Abu Sa'er, 12 ans

Haza'a Al Afifi, 17 ans
Khaled Salouf, 17 ans
Ali Taleb Aziz, 7 ans
Amjad Al Hatab, 16 ans
Sami Azurba, 17 ans
Mostafa Odwan, 10 ans
Hassan Goul, 8 ans
Adnan Besharat, 13 ans
Ahmad Zahra, 17 ans
Ahmad Afanah, 17 ans
Bara'a Al Afifi, 17 ans
Mohamad Al Kahlut, 15 ans
Mahmoud Zaherah, 14 ans
Nasser Ja'ara, 14 ans
Ahmad Abou Olwan, 13 ans
Abed Jad Allah, 9 ans
Tariq Sadi Aqel, 13 ans
Ehab Nabahat, 14 ans
Mohammed Jamal Mohsen, 14 ans
Thaer Rehan, 13 ans
Tarek Al Najar, 14 ans
Imzeh Jabrel Farmot, 17 ans
Baker Saeed Hawash, 15 ans

Artov, quinze ans

À la fin des années 1800 et au début des années 1900, bien avant la création de l'État d'Israël, beaucoup d'émigrants juifs se rendirent en Palestine depuis la Russie et l'Europe de l'Est. Ces émigrants étaient à la recherche d'un lieu où ils pourraient vivre en tant que juifs, loin de l'antisémitisme et des persécutions qui s'acharnaient sur eux. Nombre de ces gens avaient tout perdu dans les pogroms, lesquels étaient des agressions meurtrières contre les communautés juives. Sous le tsar russe, les pogroms étaient presque banals, mais même après que le tsar eut été renversé lors de la Révolution russe en 1917, le régime communiste ciblait souvent les juifs pour les persécuter. Aujourd'hui, beaucoup de juifs continuent d'émigrer en Israël pour fuir l'antisémitisme de leur pays natal.

Un des principes de la politique israélienne est que toute personne juive a le droit de résider en Israël. Le gouvernement encourage l'immigration et la société israélienne est un mélange de natifs et de personnes venues de plus de quatre-vingts pays. Quand ces gens émigrent en Israël, ils reçoivent des cours d'hébreu et on les aide à s'installer.

Artov est arrivé récemment en Israël. Il est en train de visiter Yad Vashem, le mémorial de la Shoah, à Jérusalem. Dans un parc de vingt-deux hectares, des allées relient des musées, des galeries d'art et des monuments à la mémoire des six millions de juifs tués par les Nazis.

Je ne suis en Israël que depuis trois mois. Je suis Russe. La Russie me manque beaucoup, même si Israël, c'est très beau. Ce sont mes plats préférés qui me manquent le plus. Comme le *plov*, par exemple, une spécialité d'Ouzbékistan. Il y a beaucoup de Russes en Israël, je peux donc trouver des plats russes, mais ils n'ont pas le même goût qu'en Russie.

Je suis venu en Israël avec ma famille. J'ai une sœur. Elle est plus âgée que moi. Parfois elle est gentille, parfois elle m'énerve. Elle aime bien être ici, mais ça lui manque aussi de ne pas être chez nous.

La Russie n'a pas aimé les juifs. Beaucoup de juifs ont été tués là-bas. Mes grands-parents m'ont parlé des pogroms, quand on faisait sortir les juifs de leurs maisons pour les tuer, simplement parce qu'ils étaient juifs. C'est pour ça que de nombreux juifs russes se sont installés en Israël, afin d'avoir un lieu où ils se sentent protégés. On a entendu des histoires à la télé. Il y a des gens qui posent des pancartes le long des routes. Des pancartes qui disent « Mort aux juifs » et « Les juifs sont des ordures ». Quand quelqu'un essaye de les enlever, elles explosent parce qu'une bombe y est attachée. En Russie, des cimetières juifs ont aussi été détruits et des rabbins se sont fait tabasser.

Nous habitons à Netanya maintenant. C'est au bord de la mer Méditerranée et au nord de Tel-Aviv. C'est agréable d'habiter au bord de la mer et ici il fait plus chaud qu'en Russie. J'aime bien le collège. Ça me plaît de voir et d'apprendre de nouvelles choses. Ma matière préférée, c'est la physique. J'adore aussi les jeux informatiques, surtout celui qui s'appelle *Dragon*.

Aujourd'hui, je suis venu à Yad Vashem avec mon professeur. C'est un endroit à la mémoire des juifs qui ont été tués pendant la Shoah. Je suis passé dans tous les bâtiments, et là, nous sommes dans le Musée historique. C'est la dernière étape de notre visite. Au rez-de-chaussée de ce musée, il y a des boîtes en verre contenant les jouets des enfants des camps de concentration : des poupées en paille, ce genre de trucs. Quand je les vois, je

Statues au sommet du Mémorial des Enfants

me demande avec quoi j'aurais joué si j'avais été dans un camp.

Yad Vashem, c'est comme un parc. Des allées relient les sites les uns aux autres. Chaque site est consacré à un souvenir particulier. La Chambre de Mémoire est une grande salle avec un feu au milieu qui brûle tout le temps. Au sol, autour du feu, on peut lire les noms des camps où les juifs sont morts. Le Hall des Noms expose la liste des gens qui ont été tués.

Il y aussi un vieux wagon, le genre qui servait à envoyer le bétail à l'abattoir. Celui-ci a servi à envoyer les juifs aux camps. Il est posé sur un pont de chemin de fer, mais le pont s'arrête, et le wagon est au bord du vide, avec nulle part où aller.

Je me sens très juif ici, comme si j'étais relié à tous ces gens, même si ma vie est totalement différente de celle qui fut la leur. Je comprends un peu mieux pourquoi mes parents ont voulu s'installer ici.

Le Mémorial des Enfants est le plus dur à visiter. On y entre comme on pénètre dans une cave. D'abord, tout est sombre et silencieux. On suit un sentier en s'accrochant à des cordes jusqu'à ce qu'on découvre les lumières.

Des petites bougies sont allumées partout et

leurs lumières qui se reflètent dans des miroirs donnent l'impression qu'elles s'étendent à l'infini. Les lumières représentent les enfants qui ont été tués par les Nazis. Elles ressemblent à des étoiles. Au-dessus, à travers un haut-parleur, une voix calme récite les prénoms et les âges des enfants assassinés.

Je vais arrêter d'en parler autrement je vais pleurer.

Avant d'émigrer en Israël, nous savions qu'il y avait une guerre ici. Nous avons tout de même décidé de venir, même si c'était dangereux.

Je vais devenir un citoyen israélien, et donc je servirai dans l'armée. Ça me fait un peu peur d'être un soldat. Quand nous regardons la télévision, nous les voyons faire face à de terribles dangers. Ce que les gens peuvent se faire les uns aux autres, c'est terrifiant. Quand j'aurai fini de servir dans l'armée, je veux être vétérinaire ou magicien.

J'ai quelques informations sur les Palestiniens par les médias. Apparemment, ils nous haïssent, mais je ne sais pas pourquoi. Je n'en ai jamais rencontré un. Les rencontrer est impossible. Nous sommes séparés.

Mon professeur m'a dit qu'il y avait beaucoup d'étudiants palestiniens en Israël, il y a deux ans.

D'après elle, quand les juifs et les Palestiniens avaient la possibilité de se connaître un peu mieux, c'était bien car ça leur permettait d'avoir moins peur les uns des autres. Mais les Palestiniens ne viennent plus sur le territoire israélien. C'est trop dangereux pour eux. Les juifs risquent de les prendre pour des terroristes et les Palestiniens pour des traîtres. Alors, ils restent entre eux et nous aussi.

Nora, douze ans

Nora est une élève du Princess Basma Rehabilitation Centre for Disabled Children, un centre pour les enfants handicapés, leur permettant d'être scolarisés tout en recevant des soins. Il trône au sommet du Mont des Oliviers, une grande colline dominant la Vieille Ville de Jérusalem. Les couloirs et les salles de classe du bâtiment blanc sont conçus pour faciliter les déplacements des enfants en fauteuil roulant ou pourvus de béquilles. Les enfants se servent de leurs capacités diverses pour s'entraider – pousser les fauteuils rou-

lants ou offrir une épaule solide sur laquelle s'appuyer.

La salle de classe de Nora se trouve le long d'une rampe qui mène à un sous-sol.

Je suis de Beit Safafa, un territoire palestinien au sud de Jérusalem. Je suis Palestinienne.

J'ai trois frères, mais pas de sœur. Je regrette de ne pas en avoir une. Parfois, je pense à toutes les choses que nous pourrions nous dire et faire ensemble. Si elle avait presque le même âge que moi, nous pourrions échanger nos vêtements. Comme ça, nous aurions deux fois plus d'habits. Mes frères sont gentils, mais ils sont plus jeunes que moi et ils peuvent être très bruyants. Quelquefois, ils me dérangent. Bien sûr, je les embête aussi, mais comme je suis l'aînée, je suis censée être la plus sage. Au moins, j'ai ma propre chambre. Ma couleur préférée, c'est le rose, alors il y a beaucoup de rose dans ma chambre.

J'adore mes frères, mais ils me créent des ennuis parfois. Comme le jour où j'étais allée faire des courses toute seule.

Je suis née avec un problème aux jambes. J'ai toujours été en fauteuil roulant. Je me déplace facilement. Les roues sont comme mes jambes.

Je ne dois pas sortir seule parce que ma mère pense que je ne serais pas capable d'aller assez vite si les soldats viennent. Il y a beaucoup de soldats où j'habite. Ils nous surveillent tout le temps. On ne peut rien faire sans qu'ils nous observent. Ils sont armés et ils envahissent même mes cauchemars. Nous aimerions qu'ils partent, mais ils se fichent de ce que nous voulons.

Les soldats sont toujours autour de nous, mais quelquefois, ils viennent dans les rues et, à ce moment-là, quelqu'un court pour ne pas être sur leur chemin. S'ils ont envie de tirer, ils tirent. Même sur un enfant ou un vieillard.

Ma mère a peur qu'ils me tirent dessus si je n'arrive pas à m'écarter d'eux assez vite. Moi, je pense que je pourrai leur jeter des pierres comme les autres enfants et m'enfuir rapidement, mais je ne

Vue de la Vieille Ville de Jérusalem depuis le Mont des Oliviers

peux pas jeter de pierres quand je suis avec ma mère.

Les rues ne sont pas toujours en bon état. Surtout aux endroits où l'armée a fait sauter quelque chose. Quand c'est comme ça, je ne peux pas faire avancer mon fauteuil roulant. Quelqu'un doit me pousser. Ma mère m'interdit de sortir seule, mais je suis quand même sortie, un jour, quand elle ne faisait pas attention.

C'était super. J'avais peur qu'elle m'attrape, mais en même temps je me sentais courageuse. C'était une aventure.

Je suis allée dans une épicerie pas loin de la maison. J'ai acheté des chewing-gums. Ma mère n'aime pas que je mâche des chewing-gums. Moi j'adore ça.

Je suis rentrée à la maison sans me faire prendre. Tout aurait pu bien se passer, mais j'ai raconté à mon frère mon exploit. Je n'ai pas pu m'empêcher de me vanter. Mon frère n'arrête pas de frimer. Il est allé le répéter à ma mère. Elle m'a fait la morale devant lui. Elle a dit que ce n'était pas malin et que j'étais censée montrer l'exemple à mes frères. Ce n'était pas marrant, mais les chewing-gums étaient délicieux.

En général, j'arrive en retard au collège. Ce

n'est pas à cause du fait que je suis en fauteuil roulant. Il y a un van qui fait le tour des villes et des camps palestiniens pour emmener les enfants comme moi au collège. Aux points de passage, les soldats doivent nous laisser passer parce nous avons des permis spéciaux. Même pendant le couvre-feu. Mais à chaque fois, ils nous font attendre. Ils nous connaissent, ils voient les mêmes visages tous les matins, mais ils nous demandent quand même nos papiers d'identité. Ils comptent les enfants et ils nous posent plein de questions. Ils s'en fichent que nous soyons en retard ou pas.

Les cours commencent à huit heures et demie, mais le matin, la plupart les élèves arrivent à n'importe quelle heure. C'est difficile de se concentrer. Les profs aussi sont en retard.

C'est la période du Ramadan en ce moment. Nous jeûnons pendant la journée. Tous les Palestiniens ne sont pas musulmans, mais ma famille l'est. À la fin du Ramadan, nous célébrons l'Aïd-El-Fitr. J'adore la fête de l'Aïd. J'ai hâte que ce jour arrive. D'abord, j'irai à la mosquée avec ma mère et nous prierons ensemble. Ensuite, nous irons rendre visite aux autres membres de ma famille.

Nous ne pouvons pas aller voir mes grands-parents. Ils vivent en Cisjordanie et les Israéliens ne nous laisseront pas franchir les points de passage. Mes grands-parents habitent seulement à quelques kilomètres de chez nous, mais c'est comme s'ils vivaient très loin. Ce qui me ferait le plus plaisir, c'est de les revoir. Je ne les ai pas vus depuis deux ans.

Les seuls Israéliens que je connaisse, ce sont les soldats et ils sont tous très méchants. Leurs enfants sont probablement comme eux. Même s'ils étaient gentils avec moi au début, ils finiraient par changer. Ils veulent notre terre et c'est ça qui les rend méchants. Je sais qu'il y a d'autres enfants qui souffrent beaucoup dans le monde. Ils se font tirer dessus encore plus que nous, ils tombent malades et ils sont affamés. Un jour, j'aimerais faire quelque chose pour les aider. Si j'avais trois vœux, j'aimerais devenir médecin, et quelqu'un de célèbre, écrivain, peut-être. Et pouvoir marcher.

Talia, seize ans

Lors de la création de l'État d'Israël, beaucoup de gens vivaient dans des kibboutz – des communautés gérées collectivement. Les gens des kibboutz possédaient des biens en commun et travaillaient ensemble pour le bénéfice de la communauté et celui d'Israël. Ce fut une façon de construire Israël et un moyen d'exprimer le fait que placer les besoins d'une communauté et d'un pays en premier avait une valeur.

Accomplir son devoir envers l'État d'Israël et envers la communauté judaïque fait toujours partie de l'éducation des jeunes Israéliens. Les

organisations pour la jeunesse insistent sur l'importance d'aider les autres, d'acquérir des compétences et mettent aussi l'accent sur les loisirs et la compréhension de l'histoire.

Talia habite près d'Emek Refain, une rue de Jérusalem-Ouest, regorgeant de boutiques, de cafés et d'épiceries. Jérusalem-Ouest est situé en territoire israélien. C'est une ville récente et moderne qui s'étend à l'ouest depuis la Vieille Ville. On y voit de très belles maisons, des parcs et des rues bordées d'arbres.

Je suis en première. Ma matière préférée, c'est la littérature hébraïque. Je suis une bonne élève. Mes copines prennent aussi leurs études au sérieux. Ce qui me plaît le plus, c'est passer un moment entre amis, au café, mais avec la guerre, c'est de plus en plus difficile. Nous ne pouvons pas aller dans le centre ou dans un grand magasin parce que nous avons peur de ce qui pourrait arriver. Nous pourrions être assis à bavarder, dans un café, et sauter au beau milieu de la conversation. Ma mère s'inquiète beaucoup. Les bombes explosent quand personne ne s'y attend.

Je connais une fille dont la sœur a été tuée alors qu'elle achetait des livres scolaires. Elle n'avait

Centre de Jérusalem-Ouest

que seize ans, comme moi. Ça s'est passé il y a quelques années. La mort peut venir nous chercher n'importe quand. Que l'on soit prêt ou pas n'a aucune importance. C'est dangereux d'être juif en Israël, mais les juifs n'ont jamais été en sécurité nulle part. Au moins, ici, nous pouvons nous protéger car c'est notre pays.

Récemment, je suis allée en Pologne avec les Scouts. Nous avons passé deux mois à étudier avant de partir. Nous avons assisté à des séminaires, écouté des conférenciers et participé à des débats. Nous avons appris quels étaient les pays impliqués dans la Seconde Guerre mondiale, ce qui était en cause, ce genre de choses, et nous avons également appris ce qui était arrivé aux juifs.

Nous étions déjà allés à Yad Vashem, le mémorial de la Shoah, mais le but de ce voyage en Pologne était de découvrir pour nous-mêmes ce qui était arrivé aux juifs pendant la guerre. Des parents de nombreux israéliens ont été tués par les Nazis. La plupart des vieux citoyens d'Israël portent des numéros tatoués sur les bras, ce qui signifie qu'ils ont été dans les camps de concentration. L'objectif de ce voyage était de nous montrer les lieux où ces choses terribles se sont produites, et de nous aider à mieux comprendre notre peuple et nous-mêmes.

Nous avons voyagé à travers la Pologne. Nous sommes passés à Varsovie et nous avons vu où se trouvait le ghetto juif. Les juifs se sont battus contre les Nazis, là-bas, jusqu'à ce que les Nazis les tuent et envoient les rescapés dans les camps de concentration.

Nous sommes également allés à Auschwitz. C'est l'un des endroits où les juifs étaient envoyés pour y être exterminés. Nous avons vu les cheveux qui avaient été coupés de leurs têtes, et les chaussures qui avaient été retirées de leurs pieds. Nous avons vu les chambres à gaz où ils étaient tués. Il y avait de grandes salles de douche, où on les poussait, hommes, femmes et enfants, nus, comme s'ils allaient prendre une douche. À la place de l'eau, un poison s'échappait des pommeaux de douche et tuait tous les gens dans la pièce. Nous avons vu des brosses à cheveux, des miroirs de sac à main, des bijoux, des yeux de verre, des valises, des livres, des menoras – des choses qui étaient précieuses pour ces familles. Ces choses leur étaient confisquées dès leur arrivée au camp.

Quand on entre à Auschwitz, on peut imaginer ce que c'était, être juif soixante ans auparavant, marchant à travers le camp, avec les chiens policiers qui aboient et les soldats allemands vous frappant de leurs fusils et tout le monde en larmes, effrayé. Il neigeait quand nous y étions. Nous avions tous des couches de vêtements qui nous tenaient chaud. Quand les juifs étaient prisonniers ici, ils n'avaient ni manteaux, ni bottes, ni couvertures, et trop peu de nourriture.

L'ensemble du camp est encore ici – les baraquements dans lesquels les prisonniers étaient entassés, les miradors, les autres bâtiments. En visitant les lieux, j'ai essayé de ressentir ce qu'ils avaient éprouvé mais bien sûr, je n'y suis pas arrivée.

C'était incroyable de se promener avec le drapeau d'Israël. Les Nazis ont essayé de nous exterminer, mais nous avons survécu, et aujourd'hui, nous avons notre propre pays et notre propre drapeau. Nous sommes ici, mais les Nazis n'y sont pas. À chaque endroit, nous avons effectué une courte cérémonie et chanté l'hymne israélien. J'aime bien m'imaginer que les fantômes des gens assassinés ont pu nous entendre et que notre chant les a apaisés. Nous sommes allés là-bas en pensant que nous reviendrions en ayant compris comment une telle chose a pu arriver. Mais c'est trop gros. Je ne sais pas si quelqu'un sera capable de comprendre un jour. Néanmoins, être allé là-bas permet d'imaginer un peu mieux ce que ces gens ont enduré.

Cela nous rappelle que nous devons vraiment prendre notre sécurité très au sérieux.

Dans mon quartier, il y a de nombreux rappels à la mémoire de ceux qui ont été tués par les Palestiniens. Des squares et des bancs sont dédiés à telle ou telle personne. C'est bizarre quand on y pense. On sait que ces choses arrivent, mais on ne pense jamais que ça puisse arriver près de chez nous.

C'est compliqué à propos des Palestiniens. Personne ne semble avoir la bonne solution. Se rapprocher les uns des autres est dur des deux côtés. Ça va l'être encore plus avec le mur qui va entourer la Cisjordanie. Le mur va empêcher les Palestiniens de commettre des attentats à la bombe en Israël.

Pour moi, c'est normal de voir des soldats dans les rues. Le mari de ma sœur vient des États-Unis, et il a expliqué qu'il avait du mal à accepter une présence armée aussi massive en ville. C'est drôle qu'il dise ça, car au collège, on nous a appris qu'il y avait beaucoup plus de gens tués par balle là-bas qu'ici, alors qu'il y a la guerre chez nous. D'après lui, on ne devrait jamais s'habituer à voir des armes à feu, mais j'y suis déjà habituée. Ce qui me paraîtrait étrange, c'est de ne plus en voir.

Par ailleurs, ce que font les soldats est crucial. Récemment, l'un d'eux a empêché un restaurant d'exploser.

Dès que j'aurai fini le collège, je servirai dans l'armée. C'est important de s'engager, même pour les filles. Ça fait partie de mon devoir vis-à-vis d'Israël. Je ne soutiens pas les gens qui ne remplissent pas leur devoir, afin de vivre leur vie sans s'impliquer. Je comprends que l'on puisse être opposé à la guerre, mais si c'est leur sentiment, ils peuvent toujours effectuer leur service national à la place.

Il est impossible pour moi ou mes amis de se

rendre dans les zones contrôlées par les Palestiniens. C'est trop risqué. Si je ne peux même pas me rendre dans mon propre centre-ville, je ne vais certainement pas essayer d'aller en Cisjordanie !

Je ne connais aucun jeune palestinien ou arabe. Je ne sais pas s'ils sont comme moi ou pas. Je ne sais rien d'eux, même pas comment ils vivent, bien que je sache que leur condition de vie n'est pas bonne.

En tant que citoyenne israélienne, j'ai les mêmes droits que les autres citoyens israéliens. Ce qui n'est pas le cas des Palestiniens. Ils ont leur propre gouvernement, mais c'est celui d'Israël qui domine. Les Palestiniens ne sont pas autorisés à faire des choses qui me sont permises, comme circuler à travers le pays, par exemple.

Notre collège est entouré de portes fermées afin d'empêcher d'entrer les personnes n'étant pas censées y être. Les véhicules ne doivent pas se garer autour de notre établissement. C'est interdit. Souvent, quand je longe des voitures stationnées, je me demande si elles ne vont pas sauter.

Je connais beaucoup de gens qui sont morts à cause de la guerre. Une fille de mon école de danse a été tuée dans un bus où une bombe a explosé. On suivait des cours de danse folklorique ensemble. Je la voyais beaucoup. Après l'attentat, nous avons organisé un spectacle chanté et dansé en son honneur dans un théâtre de Jérusalem.

Je connais également un homme qui s'est rendu à la banque, qui a retiré de l'argent, et quand il a traversé la rue, le trottoir a explosé derrière lui.

Une amie de mon frère porte un médaillon qui vient d'Inde autour du cou. Un éclat de bombe a frappé son médaillon, ce qui lui a évité d'être blessée.

On ne sait jamais quand une bombe va sauter. Ça peut arriver quand on est de bonne ou de mauvaise humeur, ou quand on est occupé à vaquer à nos activités habituelles. Cela n'aide pas à mener une vie agréable. Mais être quelqu'un d'agréable ne protège pas des bombes.

Ce qui m'angoisse le plus c'est de penser que quelque chose de grave puisse arriver à mes proches.

Ce qui me rend le plus heureuse, c'est quand toute ma famille se réunit. J'ai un frère qui vit à New York et une sœur qui habite à Miami. J'adore les voir, même si mon frère n'arrêtait pas de m'embêter quand il vivait ici. Il m'obligeait à sortir de la pièce quand ses copains passaient le voir.

Nous allions toujours au Sinaï pendant les vacances. Nous y allions en famille et avec des amis. Plus maintenant. C'est devenu trop dangereux. Aujourd'hui, il n'existe plus d'endroit ou aller qui ne soit pas risqué.

Tout le monde se ballade avec un portable. J'appelle souvent ma mère, simplement pour la rassurer. S'il s'écoule trop de temps sans qu'elle ait de mes nouvelles, elle s'inquiète. Quand il y a une attaque terroriste, le réseau ne fonctionne plus car il est saturé d'appels, à cause de tous les gens qui essayent de joindre leurs proches.

Avec les Scouts, je viens d'aller camper trois jours au sud d'Israël pour être un peu coupée du reste. Nous avons installé nos tentes dans le désert. Nous avons beaucoup marché. C'était très calme. Les sables ont des couleurs étonnantes. Ça faisait du bien d'être loin du stress. Le nord d'Israël est également magnifique. Très vert et gorgé d'eau.

Ce serait une bonne chose pour moi de rencontrer des Palestiniens. Les jeunes sont les mêmes partout. Mais j'ai du mal à penser qu'ils sont comme moi car j'ai un ami dans l'armée. Il me raconte des histoires terrifiantes. Un ami à lui est mort en protégeant une implantation juive.

Pour que cette guerre finisse, chacun doit faire un compromis. Personne ne gagnera totalement. Il faudra que ça se termine un jour, mais les deux camps devront renoncer à quelque chose.

Le monde n'est pas parfait. Nous – le monde – aurions dû tirer une meilleure leçon de l'Holocauste. Si nous l'avions fait, nous vivrions dans un monde meilleur.

Mes trois vœux ? Je n'en ai qu'un. J'aimerais que la guerre s'arrête afin de pouvoir élever mes enfants en Israël.

Michael, onze ans

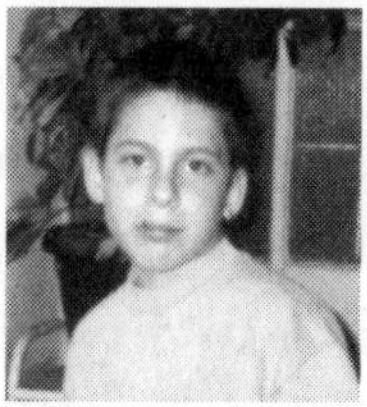

Jérusalem est l'une des plus anciennes cités du monde. Depuis 3000 ans av. J.-C., les gens continuent d'y résider. Au fil des siècles, Jérusalem a connu différents dirigeants, dont les Hébreux (les Israélites), les Babyloniens, les Perses, les Grecs, les Romains, les Égyptiens, les Croisés, les Arabes, les Turcs et les Anglais.

La Vieille Ville de Jérusalem est un monde à part. Elle est cernée par des remparts sur lesquelles un sentier permet aux gens de se promener. Un entrelacs de rues étroites sillonne la ville qui est accessible par d'immenses portes. On y trouve des étals de fruits, de mets, d'habits, de médicaments et de choses diverses empiétant sur les rues. On passe de sensation en sensation. On peut humer des odeurs de pain, de kebab et de pâtisseries au miel. Les couleurs des fruits et légumes éclaboussent les vieux murs de pierre. Les tissus pleuvent au-dessus des allées. La musique des stands de C.D. se répand dans les ruelles et les boutiques de souvenirs vendent des objets aussi variés que des chameaux en bois et des broderies. L'histoire est présente partout.

La Vieille Ville est divisée en quatre quartiers – le quartier chrétien, le quartier arménien, le quartier juif et le quartier musulman. C'est empli de lieux et de souvenirs que le judaïsme, le christianisme et l'islam considèrent sacrés. Pour ces trois religions, Jérusalem est un lieu saint. La Vieille Ville renferme trois des endroits saints les plus vénérés du monde : l'église du Saint-Sépulcre, où Jésus fut crucifié et mis au tombeau ; le mur Occidental, aussi appelé mur des Lamentations, le Temple où des juifs du monde entier viennent prier ; et la coupole du Rocher, où Mahomet se serait envolé vers le ciel.

Michael, un chrétien palestinien, vit dans un orphelinat du quartier chrétien.

Je suis un chrétien palestinien. Il y a des Palestiniens chrétiens et des Palestiniens musulmans. Le fait que nous soyons d'une religion ou d'une autre n'a pas d'importance. Nous sommes tous des Palestiniens.

J'habite au Terra Sancta Boy's Home, dans la Vieille Ville de Jérusalem, près de la Porte Neuve. On l'appelle Porte Neuve, mais elle est très vieille. Pas autant que la Porte de Damas, ceci dit, qui est aussi proche d'ici.

La Vieille Ville de Jérusalem

L'orphelinat se trouve en haut d'un édifice qui fait partie d'une grande église catholique. Il est dirigé par des moines. C'est un endroit pour les garçons qui n'ont pas de parents, ou des parents qui ne peuvent pas s'occuper d'eux. Je n'ai pas de mère, mais j'ai un père. En ce moment, il est en Amérique et il ne peut pas veiller sur moi ou sur mes frères et sœurs. Il me manque. J'irai peut-être le voir à Noël.

Les garçons du foyer ne sont pas tous Palestiniens, mais ils sont tous chrétiens. Il y en a un qui vient de Russie. Il ne parle presque pas. Sa maison lui manque, je crois.

J'ai un peu vécu en Amérique. Ça me plaisait, surtout la neige. J'aimerais habiter dans un endroit où il y a beaucoup de neige. Parfois, il neige à Jérusalem, mais pas comme en Amérique. Ici la neige fond dès qu'elle touche le sol.

Je suis dans ce foyer depuis deux ans et demi. J'ai trois frères et une sœur. Ils sont tous plus jeunes que moi. Ils vivent chez les nonnes dans un foyer d'accueil pour enfants sur le Mont des Oliviers, à l'extérieur des murs de la Vieille Ville. Quand mes frères seront plus grands, ils viendront me rejoindre ici. Ma sœur restera chez les nonnes ou elle ira dans un autre foyer pour filles. Parfois, je peux aller les retrouver au Mont des Oliviers.

Le Mont des Oliviers est un lieu très saint pour les chrétiens. C'est là où il y a le Jardin de Gethsémani. Jésus y a prié avant que les Romains le crucifient. Jérusalem est plein de lieux saints, comme l'endroit où Marie est née, et ceux où Jésus a porté la croix et a été crucifié. Nous visitons parfois ces lieux avec les moines. Nous pouvons y aller à pied. La Vieille Ville n'est pas très grande et les rues sont trop étroites pour la plupart des voitures.

Chaque vendredi, une procession défile à travers la Vieille Ville, le long de la Via Dolorosa qui veut dire rue des Chagrins. La procession fait le chemin de la croix, elle passe là où Jésus a été condamné à mort et fouetté, là où il est tombé et là où une femme lui a offert de l'eau. Parfois, on participe à la procession avec les moines, mais pas toutes les semaines.

Je dors avec les autres garçons dans une grande pièce qui s'appelle le dortoir. J'ai mon propre lit et un coin pour ranger mes affaires. Comme nous sommes tout le temps ensemble, nous sommes un peu comme une famille. Il nous arrive de nous disputer pour des histoires d'argent de poche ou des choses stupides. Quand on se sent triste ou seul, on se dispute plus facilement avec les autres parce que ça permet d'oublier ce qu'on ressent.

Il y a une routine quotidienne ici. Les moines se lèvent à six heures, nous nous habillons, nous faisons notre lit et nous rangeons le dortoir. Ensuite nous prenons le petit déjeuner. Des nonnes le préparent. En général, il y a du pain, de la confiture et du fromage. Après, nous avons tous une tâche qui nous est assignée. Comme laver le sol ou balayer les escaliers. Quand nous le faisons bien, les Frères sont satisfaits et je suis content quand ils pensent que j'ai bien travaillé. Parfois, j'imagine que j'effectue une tâche pour mon père et qu'il va inspecter mon travail et me féliciter.

Nous jouons beaucoup, ici. Dans la salle de jeux, les Frères ont apporté un grand puzzle avec des centaines et des centaines de pièces. Nous nous mettons dessus de temps en temps, nous essayons de trouver les pièces manquantes. J'adore les jeux informatiques, surtout celui qui s'appelle *Jack et Dexter*. C'est sur PlayStation II.

Dans la grande église, on se relaie pour être les enfants de chœur. Il y a plusieurs boulots, porter la croix ou l'encens, par exemple, et assister le prêtre à l'autel. Au début, il y avait beaucoup de choses à apprendre, mais ce n'est pas difficile. Ceci dit, il faut bien se tenir pendant la messe. Pas question de s'amuser. La messe est assez solennelle et si on se concentre sur ce qu'on fait, on n'a pas envie de faire le clown.

Il y a également une école dans le foyer. Les Frères sont nos enseignants. Ma matière préférée, c'est l'anglais. Côté notes, ça va. Plus tard, j'aimerais être chauffeur de taxi pour pouvoir aller n'importe où avec mon taxi.

Pendant les vacances, nous avons le droit de nous lever tard. Si je passe Noël ici, si mon père ne vient pas me chercher, je dormirai jusqu'à dix ou onze heures du matin. Mais j'espère qu'il viendra. Pour mon anniversaire, il m'a envoyé un jouet : une voiture.

De la guerre, je ne sais pas grand-chose, à part le fait que les Palestiniens doivent vivre séparément les uns des autres. Ma famille n'est pas la seule dans ce cas. Les membres des familles devraient rester unis ou avoir au moins la possibilité de se retrouver quand ils en ont envie. Mais pour la plupart des familles palestiniennes, c'est impossible. Nous sommes séparés les uns des autres à cause des barrages que nous ne pouvons pas franchir.

Quand je me promène ou que je suis à l'église, et que je vois des gens tous ensemble en famille, ça me fait mal.

Je n'ai jamais rencontré de garçons juifs. Je les remarque dans les rues quand nous sortons du foyer. Certains d'entre eux portent des habits sombres et des chapeaux noirs, et ils ont des boucles qui pendent près de leurs oreilles. Ce sont des juifs orthodoxes. Tous les juifs ne s'habillent pas comme ça.

Quand je vois des juifs de mon âge, ils me regardent, je les regarde, mais nous ne nous disons rien. Je ne sais rien d'eux et ils ne savent rien de moi.

Parfois, ils ne me regardent pas. Parfois, je suis trop occupé à penser à d'autres choses pour les regarder.

Nous entendons un peu parler du conflit entre les Israéliens et les Palestiniens, mais je ne comprends pas vraiment ce qui se passe, ni pourquoi ils se battent. J'espère que le conflit va s'arrêter parce que je n'aime pas que les gens se fassent souffrir. Et puis si la guerre se termine, nous pourrons peut-être de nouveau vivre ensemble avec ma famille.

Ce sont les chiens qui me font le plus peur. Et

les insectes, parce qu'ils piquent. Je suis heureux quand je joue sur PlayStation. Mais je n'ai qu'un seul vœu. C'est de retourner vivre avec mon père en Amérique. Je ne sais pas ce que je ferais là-bas, mais au moins je serais avec lui et c'est mieux qu'ici.

Danielle et Gili, huit ans

Des deux côtés du conflit, tous les jeunes enfants ressentent l'impact de la guerre. D'après une étude préparée par le département du travail social de l'Université de Tel-Aviv, tous les enfants palestiniens et israéliens présentent des signes de détresse. Beaucoup d'entre eux souffrent de troubles psychiques posttraumatiques et cette souffrance les empêche de gérer normalement leur quotidien.

Les enfants les plus touchés sont ceux qui sont les plus exposés à la guerre, mais les conséquences du conflit frappent aussi ceux qui sont

protégés par un statut économique et national. La plupart des enfants israéliens connaissent quelqu'un qui a été blessé ou tué lors d'un attentat à la bombe ou d'une bataille. Tous subissent les fouilles quotidiennes des militaires, même quand il s'agit simplement d'aller faire les courses au marché avec leurs parents.

Les deux amies, Danielle et Gili, sont assises à l'intérieur d'un MacDonald's situé sur une jolie rue du centre de Jérusalem-Ouest. Elles déjeunent en compagnie de leurs mères et d'un bruyant petit frère de deux ans. Le MacDonald's est identique à ceux que l'on voit partout. La seule différence, ce sont les militaires à l'entrée, qui fouillent les sacs des gens qui y pénètrent.

Danielle

L'autre jour, c'était mon anniversaire. Je l'ai fêté avec ma famille et une deuxième fois avec mes amis. Nous avons joué à plein de jeux, et à celui qui s'appelle statues. Statues, c'est quand on danse sur de la musique et quand la musique s'arrête, on doit rester dans la position dans laquelle on se trouve sans bouger. C'est difficile de le faire sans rigoler. C'est super.

Je suis en CE2. Mon frère va bientôt avoir

quatre ans et j'ai deux demi-sœurs qui sont plus grandes que moi. Aujourd'hui, ma mère m'a emmenée au MacDonald's pour me faire plaisir, mais c'est exceptionnel.

Jérusalem est une ville agréable. Il y a plein de parcs et de musées à visiter. J'y vais quand l'école organise des sorties ou avec mes parents. Ce que je préfère, c'est le zoo. Ils l'ont appelé le Zoo biblique, parce qu'il y a l'arche de Noé à l'intérieur – pas la vraie, une imitation. Mon animal préféré, c'est la girafe, mais je change souvent d'avis.

J'aime aussi l'Afrique du Sud. Mon oncle vit là-bas et il a des enfants qui sont mes cousins. Nous y allons presque tous les ans, pendant Hanoukka, mais cette année nous irons les voir durant la Pâque juive. Avec mes cousins, nous plantons des tentes dans le jardin et nous dormons dedans, loin des adultes. Il y a toujours un grand repas à minuit, avec plein de gâteaux, même si nous n'avons le droit de veiller que jusqu'à minuit.

Je sais qu'il y a la guerre, mais je ne comprends pas pourquoi. J'aimerais mieux qu'il y ait la paix. J'entends parler des bombes à la télé, des bombes qui explosent dans les magasins et dans les bus et ça me fait peur. Mes parents ont l'air inquiets quand ils lisent les journaux ou qu'ils écoutent la radio.

Je ne sais pas pourquoi les Palestiniens nous en veulent autant. Nous sommes gentils. Je ne connais aucun Palestinien. Si je rencontrais une Palestinienne de mon âge, nous pourrions jouer ensemble. Comme ça, elle pourrait se rendre compte que je suis gentille et elle n'aurait pas envie de me faire sauter.

Ce qui m'effraie le plus, ce sont les bombes. Je ne sais pas quand elles vont exploser. Elles peuvent exploser pendant que j'achète des chaussures ou quand je suis dans un bus. Une bombe peut me tuer sans que j'aie fait quelque chose de mal.

Mais une bombe ne peut pas m'atteindre dans un MacDonald's parce qu'il y a des gardes à l'entrée, et ils fouillent tous les gens qui entrent à l'intérieur. Ils me fouillent et ils regardent dans mon sac.

C'est comme ça dans la plupart des endroits. Il faut les laisser faire, autrement ils pensent qu'on va faire sauter quelque chose et ils se fâchent.

Quelquefois, quand j'ai un bonbon ou autre chose que je n'ai pas le droit d'avoir dans mon sac, je ne veux pas que le garde le voie, mais ils se fichent de ce genre de trucs. Ce sont les bombes qui les intéressent.

Quand je serai grande, j'aimerais être une artiste. J'aimerais danser. Et je veux vivre très vieille, encore plus vieille que mes parents. Mes trois vœux ? J'en ai quatre : avoir plus de vœux, être reine, obtenir ce que je veux quand je veux, et voir des stars de télé en vrai.

Gili

Je suis en CE2. Là où je suis la plus douée, c'est en art. J'adore dessiner, surtout les chevaux. J'adore peindre aussi. Je n'ai pas de frères et sœurs.

Je suis née en Ukraine, mais j'ai été adoptée quand j'avais deux mois et emmenée en Israël. Je ne sais rien de l'Ukraine, sauf qu'il fait très froid là-bas. Ils ont aussi de la cuisine ukrainienne, mais ça ne me concerne pas vraiment. Je suis Israélienne, et je me sens d'ici.

Ce que je préfère, ce sont les chevaux. Je fais du cheval dans une ferme près de Jérusalem. J'aimerais bien monter à cheval tous les jours et être entourée de chevaux parce que c'est ce qui me plaît le plus. Quand je serai grande, je veux avoir un cheval et être vétérinaire ou cavalière professionnelle. Mon plus grand rêve, c'est de visiter toutes les fermes de chevaux du monde.

J'entends beaucoup parler de la guerre. J'ai huit ans, ce qui n'est pas trop jeune pour être au courant de la guerre et des bombes. À notre école, il y a des gardes pour empêcher les Palestiniens de nous faire sauter. Un des gardes a été tué par une bombe. Il n'est pas mort à notre école mais ailleurs. Ça m'a fait beaucoup de peine. Et peur aussi. Les gardes sont censés nous protéger, mais il n'a pas pu se protéger lui-même. Si une bombe peut tuer un garde, alors elle peut me tuer moi ou ma famille.

On parle beaucoup de la guerre. J'ai mon propre masque à gaz. Tous les enfants de mon école en ont un. Comme ça, nous pouvons encore respirer si quelqu'un nous envoie du gaz. Ils devraient aussi fabriquer des masques à gaz pour les chevaux.

Je n'aime pas penser à la guerre. Je préfère penser aux chevaux. Je ne veux faire de mal à personne et je ne veux que personne ne me fasse du mal. Je veux simplement monter à cheval.

Parfois, il se passe beaucoup de temps avant que je puisse oublier la guerre. Je vis bien, je peux rire et voir mes amies, et alors c'est comme s'il n'y avait plus la guerre. Puis il se passe quelque chose, un bus explose, et je suis obligée d'y repenser.

Je n'ai pas de cheval. Je n'arrête pas de demander à ma mère si je peux pas en garder un dans ma chambre et elle répond toujours non ! J'ai quand même un petit chien qui s'appelle Blackie. À part les chevaux, ce qui me plaît le plus, c'est de jouer avec Blackie. Ce qui me fait le plus peur c'est de tomber de cheval.

Je ne sais pas s'il y a des Palestiniennes qui aiment autant les chevaux que moi. Je ne connais aucune Palestinienne.

Quelquefois, je pense à Dieu. Je sais qu'Il existe. Je le sens, et je sais que tout ira bien.

Mona et Mahmood, onze ans

Vivre en Palestine et en Israël signifie vivre avec des frontières. Il y a des frontières qui délimitent la terre israélienne et la terre palestinienne. Ces frontières séparent les implantations israéliennes des territoires palestiniens occupés. Et il y a des délimitations, des barrages et des points de passage qui séparent villes et villages les uns des autres. Les barrages sont des piles de gravats que les militaires israéliens placent sur les routes pour bloquer le chemin. Les points de passage sont des sites où les soldats contrôlent les papiers d'identité des gens qui veulent passer.

Pour rejoindre les implantations, les Israéliens ont construit une série de routes traversant les Territoires palestiniens. Seuls les Israéliens sont autorisés à les emprunter. Les Palestiniens n'ont pas le droit de les traverser, même avec une autorisation spéciale. Les routes et les barrages ont divisé le territoire palestinien en Cisjordanie en plus de vingt sections.

Rawdat-El-Zahur signifie Jardin de Fleurs. C'est le nom que porte une école de Jérusalem-Est, située en territoire palestinien. C'est une école pour les enfants chrétiens et musulmans, dirigée par une organisation de femmes palestiniennes. Elles souhaiteraient aussi avoir des élèves juifs et espèrent qu'un jour, cela sera possible. L'école se sert de la musique et du théâtre pour sensibiliser les enfants à la paix et aux droits de l'Homme. En retour, les enfants sensibilisent d'autres enfants à travers leurs spectacles musicaux.

L'école organisait souvent des sorties culturelles et des pique-niques, mais depuis quelques années, cela n'est plus envisageable car les enfants ne parviennent plus à franchir les points de passage. Les classes sont parfois obligées de

se débrouiller sans professeurs, quand ceux-ci restent bloqués par les militaires.

Les peintures colorées des enfants tapissent les murs de l'école. Certains dessins représentent les choses qu'ils aimeraient pouvoir faire, comme aller pique-niquer et jouer dans un parc. Sur d'autres, on remarque les chars et les soldats qu'ils voient autour de leurs habitations.

Mona et Mahmood sont des élèves de cette école.

Mona

Je suis Palestinienne. Voilà ce que je suis. Comment pourrais-je être autre chose ? Je n'aimerais pas être d'un autre pays que la Palestine, mais je préférerais que la vie soit plus facile ici. Je sais qu'ailleurs, la vie est plus facile pour les enfants, et j'aimerais qu'elle le soit aussi ici, au moins pendant un petit moment. Tous ces problèmes, ça me fatigue. Ils semblent sans fin.

J'habite entre Jérusalem et Ramallah, en territoire palestinien. J'ai trois frères et trois sœurs. Je suis au milieu. Parfois, ils m'embêtent et parfois je les embête, mais c'est toujours comme ça entre frères et sœurs. Les plus vieux m'expliquent ce que je dois faire et les plus jeunes ne font jamais

Barrage de carcasses de voitures à Ramallah

ce que je leur dis de faire. Quand il n'y a plus le couvre-feu et que nous pouvons sortir et nous éloigner les uns des autres, alors nous nous entendons bien. Quand il y a le couvre-feu et que nous nous retrouvons coincés à l'intérieur, nous nous disputons. Ce que je préfère, c'est peindre et dessiner. J'aimerais apprendre à peindre des belles choses. Si tout ce que j'avais à faire, c'était peindre, je serais très heureuse, et rien ne pourrait m'embêter. Quand je serai grande, j'aimerais être une artiste célèbre et que mes tableaux soient exposés dans les galeries du monde entier. Je serai tellement célèbre que même les Israéliens seront obligés de me laisser passer aux points de passage pour que je puisse aller voir mes peintures.

Je n'habite pas loin de l'école, mais je dois partir de chez moi à cinq heures et demie du matin pour avoir le temps de franchir le point de passage. Et malgré ça, je suis souvent en retard à l'école. Je n'aime pas me lever quand il fait encore nuit, surtout pendant l'hiver. Je sais que je vais attendre longtemps au point de passage, et ça me donne envie de rester au lit et de laisser tomber les cours. Même si j'ai de bonnes notes, les Israéliens ne nous laisseront pas réussir. Ils aiment qu'on ait honte de nous-mêmes.

Au point de passage

Quand j'arrive au point de passage plus tard dans la matinée, la queue est encore plus longue, car de nombreux Palestiniens essayent de passer pour aller travailler. Parfois, l'attente est plus courte que d'autres jours. Parfois, les soldats nous font attendre et attendre encore pendant qu'ils boivent leur café et fument leur cigarette. Nous ne pouvons alors rien faire d'autre que rester debout en attendant qu'ils nous laissent passer. Il n'y a même pas de toilettes. Pour éviter d'avoir envie de faire pipi, je ne bois jamais avant de partir de chez moi. Ça m'est déjà arrivé. C'est horrible. Et même sans ça, j'ai mal aux pieds à force de rester debout et je m'ennuie, m'ennuie, m'ennuie. Le pire, c'est quand la queue n'avance pas, que personne ne vient nous expliquer pourquoi c'est si lent ou quand on va passer. Les soldats se fichent que nous soyons des gens. Ils nous prennent pour des chèvres que l'attente ne dérange pas. Mais même les chèvres ont de l'herbe à brouter. On ne nous donne rien.

S'il y a une explosion quelque part, la queue bouge très lentement. Les soldats fouillent tout le monde, même les enfants. Ils vérifient nos papiers d'identité, ouvrent nos sacs et nous interrogent. Ils me regardent et me demandent comment je m'appelle et où j'habite. Je leur réponds et ils me toisent comme si je mentais. Ils répètent leurs questions. Parfois, même si je ne mens pas, j'ai l'impression de mentir. Et quelquefois, après toutes ces questions, ils disent toujours non.

Je veux simplement aller à l'école. Je ne veux rien faire sauter. Pour les soldats, je ne suis pas une enfant. Je suis une ennemie. Je ne les aime pas, mais je ne suis pas leur ennemie. Je veux simplement aller à l'école.

Quand j'arrive très tôt au point de passage, les soldats m'embêtent moins. Les soldats qui travaillent la nuit ont hâte de rentrer chez eux et ceux qui travaillent le jour ne sont pas encore assez réveillés pour être vraiment méchants. Quoi qu'il en soit, je n'aime pas qu'ils me demandent, chaque jour, qui je suis et où je vais. Pourquoi devrais-je le leur dire ?

Les points de passage se déplacent tout le temps. Quelquefois, en rentrant de l'école, on tombe sur un poste de contrôle qui n'était pas là la veille. Les soldats ont des blocs de ciment et des barbelés qu'ils installent, et des postes de garde pleins de sacs de sable en cas d'attentat à la bombe. Tous les soldats sont armés. Je vois aussi souvent des chars.

Il n'y a rien à faire dans la file d'attente. On pourrait parler, mais à part se plaindre, il n'y a pas grand-chose à dire. Et ça devient vite lassant, parce que ça ne fait pas avancer la queue plus rapidement. On attend en restant debout ou en s'asseyant dans la poussière. Quand il pleut, on se fait mouiller.

Mon père est chauffeur de taxi. Il peut seulement emmener les passagers jusqu'au point de passage. Après, de l'autre côté, il faut qu'ils trouvent un nouveau taxi. Pendant le couvre-feu, mon père n'a pas le droit de conduire et je ne peux pas aller à l'école. Quand le couvre-feu dure longtemps, mon père ne peut plus travailler. Alors mes parents se disputent parce qu'il n'y a pas assez d'argent à la maison.

Ce qui me fait le plus peur, ce sont les soldats. Les armes et les soldats. Même si vous ne faites rien de mal, ils vous tuent. En principe, si on se fait tuer c'est qu'on a fait quelque chose de mal, mais ici, ils tuent tout le monde.

Le conflit est entre les Palestiniens innocents, qui n'ont rien, et les Israéliens, qui ont tout. J'aimerais que tous les Israéliens quittent mon pays. Je ne connais pas d'enfants israéliens et je ne veux pas en connaître parce qu'ils pensent comme leurs parents. Ils pensent que je ne suis pas aussi bien qu'eux. Nous ne sommes pas pareils. Je ne sais pas ce qu'il y a de différent chez les enfants israéliens, par rapport à moi, mais il y a une différence.

C'est difficile de mener une vie normale parce que nous retenons tout le temps notre souffle avant d'apprendre qui sera le prochain à être abattu, qui sera le prochain à être arrêté, quand sera décrété le prochain couvre-feu. Je ne peux jamais rien prévoir avec mes amis car les Israéliens détruisent toujours nos projets. Je ne peux même pas décider d'aller chez une amie après l'école car les soldats risqueraient de rendre ça impossible.

Je veux que les soldats s'en aillent, qu'ils arrêtent de nous embêter et qu'ils nous laissent vivre notre vie.

Quand il y aura la paix, nous serons très heureux et nous pourrons aller où nous voulons sur notre terre, sans être obligés de franchir un point de passage ou de nous justifier face à un soldat étranger. Je ne sais pas comment ni quand cette paix arrivera. J'ai du mal à l'imaginer.

Un enseignant canadien venu nous aider m'a dit qu'il n'y avait pas de points de passage au Canada. Les gens qui vivent là-bas peuvent se rendre où ils veulent sans que des soldats les arrêtent, leur posent tout un tas de questions, et les empêchent d'atteindre leur destination. Ça doit être agréable. Un jour, j'aimerais bien pouvoir aller quelque part et continuer d'avancer, d'avancer, d'avancer.

Mahmood
J'habite à Beit Hanina. C'est seulement à cinq kilomètres de mon école. Pour m'y rendre, je dois partir de chez moi à six heures et demie du matin, à cause du point de passage. Quand j'arrive en classe à neuf heures moins le quart, j'ai de la chance.

Mercredi dernier, la veille de l'Aïd, j'ai vu une mère avec un bébé malade. Elle était juste devant nous dans la queue. Nous avons attendu plus de deux heures sans que la file bouge. Ensuite, elle est sortie de la queue pour aller parler aux soldats. Elle leur a demandé de la laisser passer parce son bébé devait voir un médecin. Les soldats ont refusé et l'ont renvoyée au bout de la file. Ils ne nous ont pas laissés lui rendre sa place. Les soldats se fichent même d'un bébé malade.

Ce jour-là, j'ai eu honte. Je regrette de ne pas avoir défendu cette femme contre les soldats. Au lieu de protester, je suis resté avec les autres, à la regarder emmener son bébé au bout de la file. Je n'aime pas avoir honte. Ça me donne l'impression d'être petit. J'aimerais mieux faire des choses qui me rendent fier, qui me regonflent.

Il y a plein de soldats près de chez moi. Quand les soldats voient des foules de Palestiniens, ils tirent des grenades de gaz lacrymogène. Le gaz me fait mal à la gorge et j'ai les yeux qui pleurent. Le gaz me donne la nausée. Quand ils tirent des grenades de gaz lacrymogène, je vois beaucoup de gens vomir. Le gaz sent également mauvais. Que je sois à l'intérieur ou à l'extérieur ne change rien parce que le gaz pénètre jusque chez moi. On ne peut pas l'empêcher d'entrer. C'est comme l'air.

Ils nous envoient du gaz lacrymogène pour pouvoir nous regarder tousser et être malades. Les soldats portent tous des masques à gaz et ils rient quand ils nous voient vomir.

L'autre jour, j'avais rendez-vous chez le médecin, et à la fin de la visite, j'ai été obligé de rester dans son cabinet. Le médecin m'a expliqué que je ne pouvais pas sortir car les soldats étaient en train de tirer dans les rues. Je me suis approché de la fenêtre et il m'a demandé de m'éloigner car je risquais de recevoir une balle. Je lui ai obéi. Je voulais voir ce qui se passait, mais je n'avais pas envie qu'on me tue.

Les tirs israéliens arrivent toujours à un moment inattendu. On ne sait pas quand ils vont se produire, on ne peut donc pas s'y préparer. Alors il faut se tenir prêt tout le temps. On ne peut jamais se dire que c'est fini. On ne peut jamais se détendre.

Ce qui me fait le plus peur, ce sont les soldats. Parce qu'ils peuvent me tirer dessus quand ils veulent, même si je n'ai rien fait de mal. Ils n'ont pas besoin d'une raison. Je ne sais pas s'ils doivent attendre que quelqu'un leur donne l'ordre de tirer, ou s'ils peuvent simplement tirer quand ça leur chante. À mon avis, c'est quand ça leur chante. Lorsque je suis avec mes amis, nous jouons aux Palestiniens et aux Israéliens, nous faisons semblant de nous tirer dessus. Tout le monde préfère être dans le camp des Palestiniens, bien sûr, mais nous changeons, pour que ça ne soit pas injuste. Nous avons des mitraillettes et des fusils en plastique, mais nous fabriquons aussi nos propres armes à partir de bouts de bois, comme ça nous ne sommes jamais à court d'artillerie. Nous jouons autour des ruines des immeubles qui ont été démolis et ce sont toujours les Palestiniens qui gagnent à notre jeu.

Quand je m'amuse à tirer sur les Israéliens, personne n'est blessé car nos armes sont des jouets. Je n'aimerais pas faire mal à quelqu'un pour de vrai. Par ailleurs, les Israéliens interdisent aux Palestiniens d'avoir des fusils. Ils veulent garder toutes les mitraillettes pour eux.

Je ne connais aucun enfant israélien. Je n'ai pas envie d'en rencontrer. Ils me haïssent et je les hais.

Gul, douze ans

La conscription est obligatoire en Israël, ce qui signifie que tous les jeunes hommes doivent effectuer leur service militaire à leur majorité. Il y a néanmoins quelques exceptions. Les juifs orthodoxes et les Arabes israéliens ne sont pas appelés à accomplir leurs obligations militaires.

Les jeunes femmes sont également encouragées à servir dans l'armée. Celles qui font ce choix effectuent à peu près le même travail que leurs homologues masculins.

Les jeunes qui rejettent la conscription peuvent être déclarés malades mentaux, une éti-

quette qui les suivra toute leur vie. Ils peuvent aussi être envoyés en prison.

Certains jeunes ne supportent pas ce que fait leur gouvernement dans les Territoires palestiniens. Ils refusent de s'engager dans l'armée par contestation ou, s'ils y sont déjà, ils refusent de servir dans les Territoires. Il existe plus de quatre cent cinquante contestataires, ou refuznik, comme on les appelle. Nombre d'entre eux ont été incarcérés pour avoir pris une telle position.

Gul habite dans un quartier résidentiel de Jérusalem-Ouest. Ses parents exercent tous deux une profession libérale. Leur appartement est empli de livres et de plantes vertes. Bien que Gul n'ait pas encore l'âge d'accomplir ses obligations militaires, la conscription le fait déjà beaucoup réfléchir.

Je suis en cinquième. Ma matière préférée, c'est l'anglais.

J'habite avec mes parents et mon grand frère au dernier étage d'un petit immeuble. Notre quartier est très agréable et il y a des arbres sur les trottoirs. Il y a longtemps, les juifs qui étaient venus ici avaient planté ces arbres, et aujourd'hui ils ont poussé et ils abritent la rue du soleil.

Garçon lisant la Torah près du Mur Occidental à Jérusalem

Je vais bientôt avoir treize ans, et bien sûr, je vais fêter ma bar-mitsva. Il y aura une cérémonie à la synagogue. Je devrai lire la torah et faire un discours. Selon la loi juive, on devient un homme après sa bar-mitsva. Je n'ai pas encore réfléchi au discours. Je peux encore attendre la semaine prochaine avant de me préparer. Il y aura deux fêtes après la cérémonie. Une avec ma famille et une avec mes amis.

J'aime bien vivre à Jérusalem. C'est le centre de tout en Israël. On peut faire du sport, aller au cinéma, il y a plein d'activités ici. Nous habitons dans la nouvelle partie de la ville. Il y a aussi la Vieille Ville où l'Histoire a commencé. Elle a des milliers d'années. Nous nous rendons là-bas quand le collège organise des sorties. Je n'y vais pas seul. Il y a suffisamment de choses à faire ici pour ne pas avoir besoin d'aller dans la Vieille Ville, mais j'aime bien la contempler de loin. Quand le soleil brille sur les remparts, c'est très beau. Comme dans les livres, mais en mieux.

Plus tard, je n'ai pas envie de m'engager dans l'armée, mais je n'ai pas le choix. Je changerai peut-être d'avis en grandissant, mais ça m'étonnerait. Je ne joue jamais à la guerre. Certains enfants aiment ça. Moi, je préfère le basket.

Parfois, l'armée pénètre dans les villes palestiniennes telles que Hébron ou Bethléem. Ils font sortir les Palestiniens de leurs maisons et ensuite avec leurs bulldozers, ils rasent les habitations. Ils font ça au cas où il y aurait une bombe à l'intérieur des maisons.

Les soldats sont souvent obligés d'employer la force pour faire sortir les Palestiniens, parce que ceux-ci ne veulent pas partir. Ils sont chez eux et ils veulent y rester.

Ma mère ne veut pas que je sois méchant et brutal avec les gens quand je serai soldat. Elle dit qu'elle nous a élevés pour être gentils envers les autres. Elle pense que l'expérience militaire me changera. Je ne vois pas comment. Je suis qui je suis.

L'armée est toujours dans un coin de ma tête quand je pense à l'avenir. Tous les garçons sont obligés de remplir leurs obligations militaires. C'est la loi.

J'ai une sœur aînée, Ori. Elle a maintenant dix-huit ans et elle a opté pour le service national, c'est-à-dire exécuter des travaux d'intérêt général pendant une période. Elle préfère ça au service militaire. Elle habite à Tel-Aviv avec d'autres filles. Elle travaille avec des enfants. Elle est contre l'occupation et ne veut pas en faire partie. Elle m'a expliqué que si elle était dans l'armée, elle serait obligée de tuer des gens, si on le lui ordonnait, et elle ne veut pas se trouver dans cette situation.

Comme c'est une fille, c'est plus facile pour elle de ne pas servir dans l'armée, mais j'ai entendu beaucoup de gens se disputer avec elle à ce propos.

Ils pensent que défendre Israël fait partie du devoir de chacun. Alors même si elle apporte sa contribution au pays à travers le service national, les gens lui reprochent de se défiler.

Les garçons n'ont pas l'option du service national. Ils sont obligés de servir dans l'armée sauf s'ils appartiennent à une communauté juive très religieuse.

Parfois, je pense que ça pourrait être marrant d'être soldat. Quand je les regarde dans la rue, en train de conduire leurs chars ou de se servir de leurs radios, j'ai l'impression qu'ils peuvent faire plein de trucs, et qu'ils sont forts et intelligents.

Ils sont venus dans ma classe pour nous montrer comment enfiler nos masques à gaz. Nous avons tous nos masques au cas où des Palestiniens ou des Irakiens nous enverraient du gaz toxique. Les soldats nous ont tout expliqué. Ils avaient l'air vraiment sûrs d'eux-mêmes. J'aimerais bien être comme ça.

J'essaye de m'imaginer en train de fouiller les maisons des Palestiniens, ou conduisant un char à travers leurs villes. Quand je ferai mon service militaire, peut-être qu'il y aura la paix ici et que je ne serai pas obligé d'accomplir des missions de ce genre.

Les soldats agissent de cette façon à cause des bombes. Les Palestiniens posent des bombes dans les bus et les restaurants. Je connais quelqu'un qui a failli être tué par une bombe. Il est allé au marché et il est monté dans un bus pour rentrer chez lui. Le bus a démarré, la bombe a explosé. Il a eu des hématomes, mais il n'est pas mort. D'autres gens sont morts, ce jour-là, mais je ne sais plus combien.

Il y a eu une période tranquille, ici. Quand la violence a repris, mes parents n'ont plus voulu me laisser aller dans le centre-ville à cause des attentats. Parfois, nous l'avons traversé en voiture et c'était très calme parce que tous les gens avaient peur et du coup, ils restaient chez eux. C'est plus animé là-bas, maintenant, mais il y a des militaires partout. Les soldats fouillent dans les sacs des gens. Malgré leur présence, moi et mes amis, nous ne nous sentons pas plus rassurés dans les bus.

Quelquefois, il y a des bombes dans les voitures garées le long des rues. Elles explosent et tuent des passants. Quand je me promène, je me dis que chaque voiture que je dépasse pourrait sauter et m'anéantir. C'est terrifiant alors j'essaye de ne plus y penser.

Tout ce que je sais de la guerre, c'est que c'est à propos de ce pays, de cette terre. Les Palestiniens la veulent, nous la voulons aussi, et c'est à cause de ça que nous nous battons. Je ne sais pas comment ça va finir, ni si ça va finir.

J'ai rencontré des jeunes Palestiniens, une fois, à Abu Gosh, un village proche de Jérusalem. Ils étaient sympa, ils n'étaient pas différents de moi. Je ne connais pas beaucoup de Palestiniens. Ils ne peuvent pas venir ici, et c'est trop dangereux pour nous d'aller là-bas.

Les juifs sont en danger dans beaucoup d'endroits. Les Palestiniens ne sont pas les seuls à haïr les juifs. Ma mère a une amie à Montréal, au Canada, qui nous a raconté des histoires sur des gens qui n'aimaient pas les juifs dans son pays. Les gens ont haï les juifs partout dans le monde, il n'y a pas eu que les Allemands et les Palestiniens.

Yanal, quatorze ans

N'ayant presque aucune liberté de mouvement, de nombreux jeunes Palestiniens désespèrent de pouvoir accomplir un jour quelque chose de positif au cours de leur existence. Certains obtiennent des bourses pour aller étudier dans des universités situées en Jordanie ou ailleurs, mais ils n'ont pas l'autorisation de partir. Les Palestiniens des Territoires n'ont pas le droit de prendre un avion depuis l'aéroport Ben Gurian de Tel-Aviv. Si le collège dans lequel ils ont été admis est situé dans une autre ville palestinienne, ils seront peut-être contraints de renoncer à cette opportunité à cause des barrages qu'ils ne parviendront pas à franchir.

D'après l'UNICEF, plus de 60 % des Palestiniens ont moins de dix-huit ans. Il y a près d'un million de jeunes Palestiniens d'âge scolaire. Le taux d'alphabétisation est l'un des plus élevés de la région, et dans le monde arabe, les Palestiniennes ont été les premières à bénéficier des mêmes droits à l'éducation que leurs frères.

L'occupation a perturbé leurs études car les collèges palestiniens sont souvent fermés durant les couvre-feux. Certaines écoles ont été transformées en centre de détention par les militaires israéliens. D'autres ont été endommagées ou totalement détruites. Les barrages et les contrôles aux points de passage ont empêché plus de deux cent mille enfants et plus de neuf mille enseignants d'atteindre leur école. Des cours improvisés ont eu lieu dans des mosquées, des sous-sols et des allées.

La guerre a détruit l'économie palestinienne et la plupart des familles n'ont pas les moyens d'acheter à leurs enfants ce qui leur manque pour leurs études. L'UNICEF a lancé une campagne

pour fournir aux jeunes les plus démunis des uniformes scolaires, des livres et des cartables.

Yanal habite en Cisjordanie, dans la ville de Ramallah, à quelques kilomètres du nord de Jérusalem. Deux mille ans auparavant, Ramallah était inhabitée. Les Croisés français s'en servaient de base pour attaquer Jérusalem. Les premières implantations dans cette zone remontent à 1550.

Aujourd'hui, les patrouilles militaires israéliennes contrôlent le secteur.

Yanal est un élève de la School of Hope à Ramallah, une école ouverte aux Palestiniens depuis trente-cinq ans. L'école accueille quatre cents jeunes d'âges divers. Ce nombre fut jadis plus élevé, mais les couvre-feux et les barrages ont empêché beaucoup d'adolescents de voyager.

Je suis Palestinien. J'ai vécu à Ramallah toute ma vie, sauf quand j'étais bébé où j'ai passé un an en Arabie saoudite. Mon père est un homme très érudit. Il enseigne à l'université et a écrit plusieurs livres sur la Palestine. Ma mère est inspectrice d'école.

La plupart des gens que je connais ont quitté Ramallah. Nous habitons à côté de Jérusalem, mais nous n'avons jamais pu nous y rendre. La

Enfants palestiniens devant un char israélien à Naplouse

moitié des jeunes de mon collège sont musulmans, les autres sont chrétiens. En ce moment, nous fêtons à la fois l'Avent et le Ramadan. À Jérusalem, il y a de nombreux lieux saints pour nos deux religions, musulmane et chrétienne, mais nous ne pouvons pas aller les visiter.

Qu'on soit musulman, chrétien ou juif, être pratiquant implique d'aider les autres, de rendre le monde meilleur, et de ne pas penser qu'à soi. Nous avons ces principes en commun, au moins dans nos religions.

J'aimerais devenir chanteur plus tard. C'est mon plus grand rêve. Un copain m'a dit : « Tu n'es qu'un Palestinien. Personne n'achètera tes CD. Personne n'écoutera tes chansons. »

Je ne suis pas d'accord avec lui. Je saurai m'imposer pour qu'on m'écoute.

Les gens croient ce que les médias racontent, et comme les médias sont contrôlés par les Israéliens, les gens pensent que les Palestiniens ne sont pas des êtres humains.

Les parents israéliens et leur gouvernement apprennent à leurs enfants à nous haïr. Ce qu'ils savent de nous est faux. Ils pensent que les Palestiniens sont incultes. Ils nous prennent pour des bêtes, pour des illettrés incapables de réfléchir. Parce qu'ils ne nous connaissent pas, ils veulent nous tuer. Les Israéliens devraient protester contre les mensonges qu'on leur raconte à notre sujet.

C'est très dur de vivre sous l'occupation. Les soldats nous traitent de meurtriers, ils disent même que nous sommes pires que des assassins. Être palestinien ne me pose pas de problème, je sais que je suis quelqu'un de bien, mais d'autres personnes ne ressentent pas la même chose que moi vis-à-vis d'elles-mêmes. Les Israéliens veulent que nous nous haïssions. Car si nous pensons que nous ne sommes rien, nous n'avons pas besoin de leur résister, ni de croire que nous méritons une vie meilleure.

Après trois jours de couvre-feu, mon collège vient de rouvrir. Pendant le couvre-feu, tout est fermé et les gens n'ont pas le droit de sortir de chez eux autrement ils se font abattre.

Au printemps dernier, les soldats israéliens ont occupé notre collège. Les locaux étaient vides car c'était pendant le couvre-feu, mais ils sont quand même entrés. Ils ont fait des trous dans les portes, ils ont brisé des vitres, du mobilier, ils ont tout

Enfants palestiniens traversant les décombres d'une quincaillerie détruite dans la ville de Gaza

cassé. Ils ont écrit des insultes au tableau. Ils ont même uriné par terre. Et c'est nous qu'ils traitent de bêtes.

Nous avons passé trois jours à nettoyer le collège. J'étais furieux, mais le fait d'avoir pu réparer ce que les soldats avaient détruit m'a redonné du courage.

Ma mère inspecte les écoles. Il y a beaucoup de Palestiniennes courageuses. Ma mère en fait partie. Elle effectue la tournée des établissements scolaires pour s'assurer qu'ils ne manquent de rien. Elle voyage dans la région, se rend à Bethléem et à Naplouse. Quand les soldats la refoulent aux points de passage, elle ne peut pas y aller. Quand ils ne la refoulent pas, ils la font attendre. Un jour, elle a attendu cinq heures. Il était tard et elle voulait rentrer chez elle. Ils lui ont expliqué qu'elle n'avait qu'à dormir par terre si elle était fatiguée. Une autre fois, ils lui ont dit qu'ils la laisseraient passer si elle se mettait à quatre pattes et qu'elle broutait l'herbe. Elle a refusé. Elle ne les a pas laissés la maltraiter.

C'est très dur pour les femmes, aux points de passage. Il n'y a pas de toilettes et elles ne peuvent pas uriner au bord de la route, comme les hommes.

Certains points de passage sont équipés de bâtiments en béton. S'ils en ont envie, les soldats peuvent y emmener des gens et leur demander de se déshabiller. Ils prétendent que c'est pour les fouiller, à cause des bombes, mais il faut vraiment être débile pour essayer de franchir un point de passage avec une bombe. À mon avis, les soldats font simplement ça pour nous humilier. Ils en profitent aussi pour frapper des gens à l'intérieur de ces bâtiments, car personne ne peut les voir. Ma mère a vu des Israéliennes postées aux points de passage avec des appareils photo, pour prendre des clichés des soldats qui se comportaient mal. Les Israéliens ne sont pas tous nos ennemis.

Ma mère a passé beaucoup de temps aux points de passage. Elle a entendu plein d'histoires sur des femmes avec des bébés et des gens très malades qui avaient besoin de franchir la frontière pour aller voir un médecin et que les soldats ne laissaient pas passer.

Parfois Ramallah est seulement ouverte une heure. Nous ne savons jamais quand le couvre-feu sera levé, ni pendant combien de temps, alors nous devons toujours être prêts à sortir pour aller acheter à manger ou transmettre des messages ou faire d'autres choses. Pendant que le couvre-feu était levé, une femme que connaissaient mes parents avait fait sécher son linge sur le balcon. Quand le couvre-feu a de nouveau été décrété, ses habits n'étaient pas secs, mais elle est allée les retirer. Un soldat l'a vue et l'a abattue.

Quand j'entends ce genre d'histoire, je pleure.

Certains Israéliens souhaitent rétablir la paix. Quand un de leurs proches meurt à cause de la guerre, ils sont tristes et ils ressentent la même chose que les Palestiniens venant de perdre un membre de leur famille. À ce moment-là, ils sont comme nous.

En allant d'école en école, ma mère s'est souvent fait tirer dessus par les soldats. Un jour, elle est sortie d'une bibliothèque à l'instant même où les Israéliens la bombardaient, et la bibliothèque a explosé derrière elle. Pourquoi détruire une bibliothèque ? C'est absurde. Je pense que les Israéliens se fichent de savoir ce qu'ils prennent pour cible, ils aiment simplement bombarder.

Les Israéliens n'arrêtent pas de changer d'avis à propos des couvre-feux. Ça m'énerve car je ne peux rien organiser. Je ne sais jamais quand je vais pouvoir retrouver mes amis ou aller faire des courses. S'il se passe quelque chose à Jénine, ils ferment Ramallah. Ils prétendent que c'est par mesure de sécurité, mais à mon avis, c'est pour nous punir.

Je suis allé au cinéma avec mes amis. Au milieu de la projection, les Israéliens ont annoncé un couvre-feu. Ils nous ont ordonné de rentrer chez nous et nous n'avons pas pu voir la suite du film. Ça s'appelait *Save the Last Dance* et c'était avec Julia Stiles. Ça racontait l'histoire de deux personnes très différentes, unies par la danse et la musique. J'ai trouvé le film super et j'aimerais bien savoir comment il finit.

La musique, c'est tout pour moi. Quand je suis en colère, elle m'aide à me calmer, et quand je suis triste, elle me remonte le moral. Quand je suis heureux, je le suis encore plus si j'écoute de la musique.

J'arrive à comprendre les kamikazes, pour plusieurs raisons. Quand on a perdu quelqu'un, quand on n'a plus personne sur qui compter et plus d'espoir de voir les choses changer, à quoi bon vivre ?

J'ai entendu parler d'un enfant de cinq ans. En rentrant chez lui, après l'école, il a vu ses parents morts et sa maison détruite. Qu'est-ce qu'on peut faire ? Il ne s'en remettra jamais. Chaque jour, je suis heureux que mes parents soient encore en vie.

Faire sauter des bombes dans les grands magasins n'est pas une bonne idée, je trouve. Ça renvoie une mauvaise image des Palestiniens. Nous devrions terroriser les soldats israéliens, pas les civils. Par ailleurs, les bombes peuvent aussi nous blesser.

J'aimerais que le conflit s'arrête, comme ça, nous pourrions jouer de la musique et nous amuser au lieu de passer notre temps à nous haïr. Un jour, nous pourrions peut-être même créer des groupes de musique avec des Israéliens.

Merav, treize ans

Les colonies sont des implantations israéliennes qui furent construites sur la terre des Palestiniens lors de l'occupation de celle-ci par l'armée israélienne, après la guerre de 1967. À l'origine, les gens qui construisaient ces implantations déclaraient que la terre sur laquelle ils se trouvaient appartenait à Israël, même si d'après la loi internationale, la terre appartenait aux Palestiniens. Les habitants de ces colonies bénéficient d'un allégement d'impôt, et reçoivent du gouvernement une aide au logement et une aide pour les frais de scolarité de leurs enfants.

Implantation israélienne

On en dénombre aujourd'hui plus de deux cents situées en Cisjordanie, à Gaza, et dans l'agglomération de Jérusalem. Au début, ces colonies formaient des villages de caravanes et de maisons improvisées, mais au fil du temps, les colons qui y vivaient et le gouvernement les ont nettement améliorées et à l'heure actuelle elles ressemblent à des villes prospères, modernes, pourvues d'écoles, de parcs et de magasins. Plus de quatre cent mille Israéliens résident dans ces implantations. Des déviations les relient les unes aux autres et, souvent, à Jérusalem et aux autres grandes villes. Ces déviations sont uniquement réservées aux Israéliens. La plupart du temps, elles sont entourées par de hauts murs, lesquels servent de bouclier de protection contre les jets de pierre et les tireurs embusqués. Comme ces routes et ces implantations se trouvent en territoire palestinien, leur aménagement attise la colère des Palestiniens. Les colons tiennent également à être mieux ravitaillés en eau potable que les Palestiniens. Un Israélien consomme quatre fois plus d'eau qu'un Palestinien.

Leur niveau de vie n'est pas le même. Confinés dans des zones fermées et bloqués par les soldats aux points de passage, les Palestiniens ont vu leur économie dépérir. En revanche, la liberté de mouvement des Israéliens a permis à ceux-ci de s'enrichir. Quand, depuis leurs fenêtres, les Palestiniens démunis aperçoivent les implantations équipées de piscines et autres structures de loisirs, leur rancœur s'accroît. Parfois, les implantations sont attaquées et des colons sont tués. Parfois, des colons attaquent les Palestiniens.

Un nouveau mur de sécurité est en construction autour de la Cisjordanie. À certains endroits, il mesurera huit mètres de haut. À d'autres, il prendra la forme d'une clôture électrifiée. Ce mur s'étendra sur six cent cinquante kilomètres, et serpentera autour des implantations, fragmentant davantage le territoire palestinien qui sera alors divisé en parcelles de terre que les Palestiniens ne pourront pas quitter librement. Ce mur sera pourvu de miradors tous les trois cents mètres, d'une profonde tranchée qui le longera, d'une route de sécurité et de détecteurs de mouvement. La plus grande partie du mur sera construite en territoire palestinien où des champs d'oliviers, des vergers d'agrumes et des cultures agricoles ont été rasés pour créer l'espace nécessaire à sa construction.

Le mur entourant la ville de Kalkilya

De nombreux Israéliens pensent que le mur est nécessaire pour les protéger des Palestiniens. D'autres déclarent que cela va faire empirer la situation. Certains Israéliens sont opposés aux implantations. D'après eux, ces colonies ne font qu'intensifier le conflit et de nombreux appels

ont été lancés en faveur de leur démantèlement. Beaucoup de soldats reçoivent l'ordre de protéger les colons et la présence des militaires en territoire palestinien entraîne la riposte des Palestiniens, laquelle provoque ensuite les représailles des soldats, générant ainsi une interminable guerre.

Il y a des Israéliens qui considèrent que les implantations jouent un rôle important pour la sécurité d'Israël. À leurs yeux, les colons sont de braves pionniers qui ont fait d'énormes sacrifices pour vivre et élever leurs enfants au milieu d'un environnement hostile.

Merav habite dans une implantation située près d'Efrat.

Efrat se trouve à mi-chemin entre Jérusalem et Hébron. C'est une jolie ville avec des grands magasins, des pizzerias, des terrains de jeux, des parcs – toutes les choses normales. Nous avons également une belle vue ici, car Efrat est juchée sur les collines de Judée. J'adore vivre ici. Des gens des États-Unis, d'Angleterre, de Russie et d'Afrique du Sud sont venus s'installer à Efrat.

Aujourd'hui, je suis allée à Hébron avec ma famille pour participer à une fête de Hanoukka.

C'est une fête très gaie qui célèbre l'époque durant laquelle, il y a longtemps, les Grecs envahirent un temple juif. Ils cassèrent toutes les bouteilles d'huile servant à allumer les lampes du temple. Quand les juifs purent retourner dans leur temple, ils ne trouvèrent qu'une bouteille qui avait échappé à la casse. Elle contenait une quantité d'huile permettant aux lampes de ne brûler qu'un seul jour. Par miracle, les lampes brûlèrent huit jours durant ! Alors, nous célébrons ce miracle en allumant les chandelles de la menora, en mangeant des spécialités comme les *latkes* frits, en organisant des fêtes et en recevant des cadeaux.

Le soir, nous accrochons les menoras allumées sous les porches et aux fenêtres. Les lumières sont magnifiques. Elles sont censées nous rappeler que Dieu est toujours avec nous, même quand nous avons peur et que nous nous sentons seuls. Croire en Dieu signifie que je dois essayer d'être la meilleure personne possible.

Aujourd'hui, beaucoup de gens des environs de Jérusalem sont arrivés en bus. Ils viennent nous aider à fêter Hanoukka et nous montrer qu'ils nous soutiennent. Ils trouvent que nous sommes courageux de vivre dans les implantations.

Ils ont organisé une fête pour les enfants, avec

un clown et des cadeaux pour nous faire oublier la guerre. Mais de toute façon, je ne passe pas mon temps à penser au conflit. J'ai plein d'autres choses en tête comme le collège ou mes amis.

Il y a des soldats autour de chez moi. Je me sens fière quand je les aperçois. Ils sont très braves. Leur mission est d'assurer la sécurité de ma famille et je suis contente qu'ils soient là. C'est très dangereux d'habiter là où j'habite. Nous sommes encerclés par les Palestiniens et ce sont nos ennemis. On demande toujours aux enfants et aux jeunes d'Efrat de faire attention et de ne pas se promener seuls. Un grand mur va être construit autour des endroits palestiniens pour nous protéger.

Si on se balade seul, un Palestinien avec un fusil peut nous repérer et nous abattre. Ils guettent les imprudents. On peut uniquement se détendre quand quelqu'un est là pour surveiller à notre place. À Efrat, des gens ont été tués par les Palestiniens. Deux femmes ont été assassinées pendant qu'elles se rendaient en voiture à Jérusalem. D'autres ont été tués ou abattus. Un kamikaze a essayé de tuer des médecins.

La plupart des amis de ma famille ont des voitures équipées de vitres spéciales pour se protéger des jets de pierre. Les Palestiniens jettent des pierres sur les voitures des Israéliens. Les bus ont des vitres blindées. S'ils se font tirer dessus, les balles rebondissent.

Mais je n'aime pas penser à la guerre. Je préfère avoir d'autres choses en tête.

J'aime être avec mes amis. Nous faisons partie du Mouvement de la jeunesse qui organise des sorties et des voyages. Nous allons visiter plusieurs endroits en Israël. Certains sont des lieux historiques. D'autres sont plus pour s'amuser. Nous aimons également nous retrouver pour bavarder. Parfois, nous parlons des problèmes qu'il y a dans le monde. En général, nous discutons de choses qui ne sont pas importantes et qui nous amusent.

J'ai fêté ma bat-mitsva l'an dernier. C'est une cérémonie qui signifie que les filles se sont plus des enfants. La cérémonie a eu lieu dans notre synagogue. Pour moi, ça veut dire que désormais, j'ai plus de responsabilités, je suis plus proche des adultes que des enfants. Ça veut aussi dire que je suis prête à m'impliquer dans le monde.

Plus tard, je n'ai pas l'intention de m'engager dans l'armée. Je préfère effectuer le service national dans un hôpital ou autre part.

Je ne connais pas de jeunes palestiniens. Il y en

a beaucoup autour de mon implantation, mais je ne tiens pas à faire leur connaissance. Ils sont dangereux et me tireraient dessus s'ils en avaient l'occasion. Avec mes amis et ma famille, nous vivons au cœur de la guerre. C'est terrifiant d'être entouré de gens qui veulent nous tuer mais nous devons garder espoir.

Maryam, onze ans

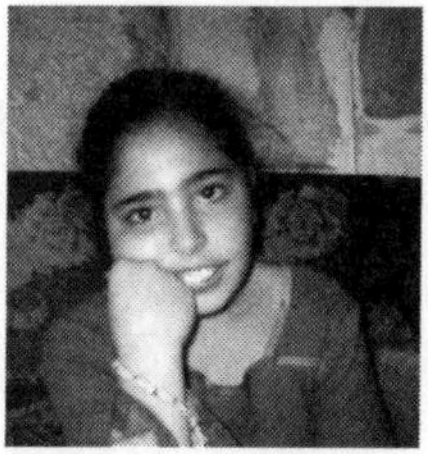

Maryam habite à Bétheny, non loin de Jérusalem. Sa grand-mère travaille et réside à Jérusalem-Est. Maryam ne possède pas de papiers l'autorisant à franchir les points de passage situés entre Bétheny et Jérusalem, et sa grand-mère non plus. Pour elles, l'unique moyen de se retrouver est de traverser les collines du désert d'une ville à une autre afin d'éviter les contrôles et les routes. En général, Maryam effectue ce voyage avec sa tante, qui elle non plus n'a pas les papiers adéquats. Elles encourent de grands risques en traversant le

désert, notamment celui de se faire arrêter par l'armée israélienne.

La ville où j'habite s'appelle Bétheny et se trouve à l'extérieur de Jérusalem. Je n'ai pas le droit d'être ici, à Jérusalem. Je n'ai pas les bons papiers, mais avec Talal, ma tante, nous avons traversé les collines, loin des points de passage. Ma tante a dix-huit ans et elle est très courageuse. Nous avons évité les soldats. C'était super mais également terrifiant parce que c'est très dangereux. Si nous nous étions fait prendre, les soldats nous auraient arrêtées. Ils nous auraient maltraitées, mais pour ça, il aurait d'abord fallu qu'ils nous attrapent ! Je n'aime pas les soldats.

Nous avons marché jusqu'ici aujourd'hui pour que je puisse rendre visite à ma grand-mère. Elle dirige une auberge de jeunesse à Jérusalem. Des touristes du monde entier viennent à l'auberge. Quelquefois, ils bavardent avec moi et me proposent de partager leur repas. J'aime bien ça. J'aimerais bien visiter d'autres pays, aussi.

Bétheny est une ville magnifique et très vieille située en territoire palestinien. Il y a plein de boutiques, d'églises et de mosquées. Les rues sont larges et il y a beaucoup d'immeubles.

Dans ma ville, je vois trop de soldats. Ils marchent sur les trottoirs et se déplacent dans les rues en jeep, en camion et en char. Ils essayent de nous faire croire que la ville leur appartient. Ce n'est pas bien. Nous ne pouvons pas nous sentir chez nous. Ils font comme si c'était chez eux.

Il y a même des soldats autour de mon école. Ils sont tout le temps là, à me surveiller, dès que je sors avec mes amis ou mes professeurs. J'aimerais qu'ils regardent ailleurs. Je ne fais rien de mal et je déteste sentir qu'on m'observe. Ils nous questionnent et nous insultent. Ils manquent de respect à ma tante. Ils lui disent des choses que des hommes ne devraient pas dire à des femmes. Je n'aime pas leur adresser la parole, mais quand ils me posent une question, je suis obligée de leur répondre, autrement ils seraient capables de me tirer dessus.

Je vois les choses horribles qu'ils font et j'en entends aussi parler à la télévision. Ils survolent ma ville en hélicoptère et tirent sur les gens. Ils veulent que nous ayons honte d'être Palestiniens, mais je n'ai pas honte. J'en suis fière.

Avant, je pleurais quand je voyais les soldats. Plus maintenant. Ils me font toujours peur, mais j'essaye de ne pas le leur montrer. Ma colère est plus forte que ma trouille, je crois. J'aimerais bien tuer les soldats, mais je ne peux pas car je n'ai pas d'armes.

Un de mes cousins est enfermé dans une prison israélienne. Il a vingt ans. Il y a déjà passé huit mois et il doit y rester encore deux ans. Il suivait des études à l'université quand il a été arrêté. Il veut devenir comptable, ce n'est pas un métier qui me plairait. Il ne faisait rien de mal, mais les Israéliens l'ont quand même arrêté. Il était membre d'une organisation palestinienne et les Israéliens n'aimaient pas ça. Sa mère peut aller le voir. Heureusement pour lui. Ça doit être horrible d'être en prison et que personne ne puisse vous rendre visite.

J'habite dans mon école. Ma mère est morte dans un accident de voiture quand j'avais cinq ans. Elle avait trente-neuf ans. Ma tante est gentille avec moi, ma grand-mère aussi, mais ma mère me manque. Elle me manque tout le temps. Elle me chantait des chansons.

À mon école, il y a d'autres filles qui ont perdu leur mère ou même leurs parents. Nous dormons dans la même pièce. Ma meilleure amie est très sympa avec moi. J'essaye d'être également sympa avec elle.

Mon histoire préférée, c'est *La Belle et la Bête*. J'adore le personnage de la Belle. J'aime aussi jouer au solitaire sur l'ordinateur.

À l'école, la plupart des jours se ressemblent. Nous nous levons à sept heures, nous nettoyons la salle de bains, nous balayons le couloir. Quand nous avons terminé les corvées ménagères, nous prenons notre petit déjeuner, puis nous allons assister aux cours. Ma matière préférée, c'est la religion parce que c'est facile et que ça m'enseigne des nouvelles choses sur le genre de personne qu'on peut devenir.

Mon école n'est pas mal, bien que je m'y sente

Soldats dans la partie palestinienne d'Hébron pendant un couvre-feu

seule. Le pire, c'est le plat aux tomates et aux légumes qu'ils nous servent parfois. Ce que j'adore manger, c'est le *maklouba* – du poulet avec du riz – mais ils n'en font pas souvent.

Quand il y a un couvre-feu, tout ferme et les gens doivent rester chez eux. On ne peut même pas se mettre à la fenêtre car on risque de se faire tirer dessus par les soldats. C'est comme si les maisons se transformaient en prisons. Les soldats ne nous expliquent jamais pourquoi ils nous interdisent de sortir. Ils nous ordonnent simplement de rester à l'intérieur.

Ma tante appelle ça du temps perdu. Moi, je perds moins mon temps, vu que j'habite dans l'école. Dans ma classe, certains enfants vivent chez leurs parents et ils ne peuvent pas venir en cours pendant les couvre-feux. Beaucoup de professeurs doivent également rester chez eux, alors c'est comme des vacances pour nous. Mais ça devient vite ennuyant. Si on avait le droit de sortir, ça ressemblerait plus à des vacances.

Nos enseignants sont sévères. Quand il y a un couvre-feu et qu'ils sont bloqués dans l'école, ils sont de mauvaise humeur. Je suis souvent punie pour avoir fait trop bruit. Ils me tapent sur la main et m'envoient au coin. Plus tard, j'aimerais être médecin, mais il faut d'abord que je finisse mes études. Ça me paraît très long.

D'après ma tante, nous ne devrions pas laisser les garçons nous dire ce que nous ne sommes pas capables de faire parce que nous sommes des filles. Elle trouve que les Palestiniennes sont des femmes fortes et courageuses, et que nous pouvons lutter contre les Israéliens aussi bien que les hommes. Elle a raison. Elle est forte et je le serai, moi aussi.

Il y a des femmes martyres, maintenant, des kamikazes. Elles sont très courageuses. Ça doit être dur pour leur famille.

Je n'ai qu'un seul vœu. J'aimerais aller au paradis. Après la mort, peut-être que le bonheur nous attend.

Elisheva, dix-huit ans

La plupart des Israéliens connaissent quelqu'un qui a été blessé ou tué à cause du conflit. Les rappels à la mémoire de ceux qui sont morts pendant la guerre sont partout. On trouve par exemple des bancs commémoratifs portant le nom d'un enfant qui aimait le parc, ou des arbres plantés à la mémoire du père d'une personne.

Elisheva ne s'est pas encore remise de la perte de deux amis tués par des Palestiniens. À travers Kids for Kids, une organisation soutenant les victimes de la violence engendrée par la guerre, Eli-

sheva aide d'autres jeunes ayant vécu une expérience similaire à la sienne.

J'habite dans une implantation située au nord de Jérusalem. J'ai deux frères aînés et une grande sœur. Un de mes frères est marié et a deux enfants. Mon livre préféré, c'est *Anne, la maison aux pignons verts*. Ma chanteuse préférée, c'est Céline Dion, et mon film préféré, c'est *L'Homme qui murmurait à l'oreille des chevaux*.

Mon père est psychologue. Il se spécialise dans les traumatismes liés au terrorisme et dans les problèmes familiaux. En ce moment, en Israël, l'occasion d'exercer ses talents ne manque pas. Beaucoup de gens sont traumatisés par les attentats à la bombe.

Je suis en terminale. J'adore étudier. Je suis dans une école religieuse, ce qui signifie qu'en plus du programme scolaire habituel, je dois lire de nombreux livres concernant la Bible. Ça me rappelle de bons souvenirs car j'entendais déjà des histoires bibliques quand j'étais enfant. C'est merveilleux de vivre en Israël parce que c'est ici que la plupart de ces histoires se sont déroulées.

Quand j'aurai fini le lycée, j'effectuerai le service national pendant deux ans. C'est ce que font de nombreuses filles religieuses au lieu de servir dans l'armée. Pendant le service, j'aimerais m'occuper d'enfants qui ont des problèmes psychologiques ou des difficultés à l'école. Je pourrai peut-être leur donner des cours particuliers gratuits, ou alors me porter volontaire dans un centre de loisirs où les enfants s'impliquent dans des activités destinées à leur remonter le moral.

J'ai beaucoup voyagé en Israël. Mon lycée organise deux à trois voyages par an, parfois plus. Nous étudions quelque chose en cours d'histoire, puis nous nous rendons sur les lieux où ça s'est produit. La situation actuelle rend la vie très difficile en Israël. Beaucoup de gens ont peur. Deux de mes meilleurs amis et un de mes professeurs ont été tués par des Palestiniens, mais comme je suis croyante, je pense que Dieu est avec nous et je veux rester forte. Je ne sais pas comment les athées font pour s'en sortir.

Je vais vous parler d'un de mes amis qui est mort. Il s'appelait Avi, il avait dix-sept ans.

Avi suivait les cours de mon lycée, ici, dans l'implantation. Il était en train d'étudier pour se préparer à un examen de mathématiques quand il a décidé de faire une pause et d'aller jouer au basket avec des copains dans la cour du lycée. Sou-

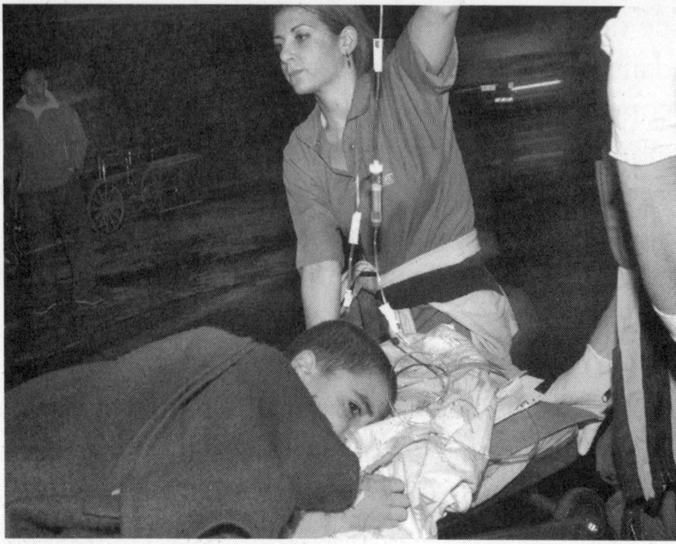

Suite à un attentat suicide, un enfant est évacué du restaurant d'un hôtel de la ville israélienne de Netanya

dain, un homme a surgi armé d'une mitraillette. Il a tiré sur tout ce qui l'entourait.

Deux garçons se sont précipités vers un point précis, Avi a couru dans la direction opposée. L'Arabe a suivi Avi et lui a tiré dans le dos. Avi n'est pas mort sur le coup, mais peu de temps après.

Le tueur a traversé l'établissement en tirant et en hurlant avant que l'armée israélienne l'abatte. Je ne sais pas ce qu'il criait.

Shmuel, un copain d'Avi, s'est caché dans les

toilettes avec d'autres garçons et n'a pas été blessé. Quand il a appris qu'Avi avait été tué, il était effondré. Il avait le sentiment qu'il aurait pu sauver Avi et il culpabilisait d'être vivant alors qu'Avi était mort.

Deux semaines plus tard, Shmuel fêtait ses dix-sept ans. Deux jours après, une bombe palestinienne l'a tué alors qu'il attendait le bus.

Je garde de très beaux souvenirs d'Avi. Il jouait tout le temps de la guitare. Il l'emmenait partout avec lui. Il s'endormait avec la radio allumée parce qu'il adorait la musique. Il avait toujours un grand sourire aux lèvres et une frimousse d'ado. Il attirait les gens car il était plein de vie. Il aimait que tout le monde soit heureux.

Shmuel savait résoudre les problèmes des autres. Il réorganisait toujours la vie de ses amis. C'était également un bon confident.

Il y a des Palestiniens qui habitent à un demi-kilomètre de notre implantation. Nous pouvons distinguer leur village depuis nos fenêtres. Nous vivons proches les uns des autres, mais nous vivons en ennemis.

Nous aurions pu vivre en voisins et à une époque, nous l'avons fait.

Nous allions à leurs mariages et à leurs fêtes, et eux venaient aux nôtres.

Je me souviens, quand j'étais petite, nous assistions à leurs fêtcs et ils étaient très accueillants et chaleureux. Tout cela a changé. Aujourd'hui, nous ne savons plus à qui faire confiance. À Gaza, des Palestiniens ayant travaillé pour des Israéliens pendant des années ont tué leurs patrons. Les Palestiniens avec lesquels nous avions jadis de bons rapports jettent à présent des pierres sur nos maisons et nous tirent dessus quand ils arrivent à se rapprocher.

Nous ne pouvons pas nous rendre dans les villages palestiniens. C'est trop risqué. Même en se baladant, nous pouvons prendre une balle. Les Palestiniens n'ont pas confiance en nous. Eux non plus ne viennent pas dans nos implantations. Nos soldats ne les laisseraient pas entrer et les autres Palestiniens les prendraient pour des traîtres et les tueraient.

Quand nous quittons l'implantation, nous devons monter dans des bus blindés. Autrement, nous serions en danger.

Pour que la situation s'améliore, il faudrait une grande guerre. Après cette guerre, chacun comprendrait quelle est la bonne solution et la nécessité de tuer disparaîtrait.

Nous, les Israéliens, avons essayé, mais jusqu'où pouvons-nous donner ? Après tout, cette terre nous appartient. J'aimerais que tous les juifs du monde viennent en Israël et que tous les Palestiniens partent s'installer dans un autre pays arabe.

La mort de mes amis a changé ma façon de penser et a renforcé mes convictions. Certaines personnes remettent en question l'existence de Dieu. Pas moi. Je souhaite que chacun prenne conscience que Dieu est Un et Unique, qu'Il nous guide et qu'Il apportera Sa lumière dans chaque cœur.

J'ai également envie de passer plus de temps avec mes amis et ma famille car on ne sait jamais ce qui va se passer ni quand.

Concernant le conflit avec les Palestiniens, je suis désormais convaincue que nous avons raison. Si les Palestiniens étaient dans leur bon droit, ils n'auraient pas besoin d'employer la ruse, ils seraient moins sournois.

Je ressens une grande hostilité vis-à-vis des Palestiniens. Ce n'est pas de la haine car j'ai du mal à éprouver ce genre de sentiment envers les autres, mais je suis néanmoins en colère. Quand je me promène dans la Vieille Ville de Jérusalem et que j'aperçois des Arabes, je ne suis pas contente. J'aimerais qu'ils s'en aillent.

Hassan, dix-huit ans

Selon l'UNWRA – l'Office de secours et de travaux des Nations unies pour les réfugiés de Palestine dans le Proche-Orient – les réfugiés palestiniens sont les gens qui vivaient en Palestine entre juin 1946 et mai 1948 et qui ont perdu leur logement et les moyens de gagner leur vie durant la guerre de 1948. Les descendants de ces gens sont eux aussi considérés réfugiés. On dénombre aujourd'hui quatre millions de réfugiés palestiniens. Un million d'entre eux vit dans des camps de réfugiés. Certains de ces camps se trouvent au Liban, en Syrie et en Jordanie.

D'autres sont situés en Cisjordanie et dans la bande de Gaza.

Un camp de réfugiés palestiniens est une parcelle de territoire réservée à l'UNWRA pour y héberger des Palestiniens. Les camps ressemblent à des villes surpeuplées. Des immeubles en béton ont remplacé les tentes. Les conditions de vie y sont mauvaises. Dans les camps, le système d'évacuation des eaux usées est défectueux et l'état des routes laisse à désirer.

Des générations entières ont vécu dans ces camps. Des écoles, des cliniques et d'autres services sont gérés avec l'aide de l'UNWRA. Les camps sont souvent occupés par les militaires israéliens et sont fréquemment le théâtre de batailles de rue entre les factions armées palestiniennes et les Forces de défense israélienne.

Ces batailles et les tensions constantes ont un profond impact sur les jeunes de ces camps.

La souffrance des enfants qui ont été gravement traumatisés par la guerre se manifeste de différentes façons. Certains se mettent à faire pipi au lit. D'autres deviennent insomniaques ou font des cauchemars. Beaucoup ne parviennent plus à se concentrer à l'école. Certains deviennent agressifs et n'arrivent plus à s'entendre avec les gens, même quand l'ambiance est sereine. D'autres cessent de parler et s'enferment dans le mutisme. Certains se mettent à perdre une partie de leurs capacités physiques.

Le Palestinian Rehabilitation Centre du camp de réfugiés de Ramallah est une série de bâtiments en pierre situés dans une cour derrière une allée. À l'origine, il fut créé par des mères d'enfants en détresse afin de dispenser à leurs enfants et à ceux de la communauté les soins dont ils avaient besoin. Quand il n'y a pas de couvre-feu, les femmes qui dirigent le centre effectuent également des visites à domicile et tentent d'encourager les enfants handicapés à sortir de chez eux pour qu'ils se sentent moins aliénés.

Hassan se déplace en fauteuil roulant. « Il n'a rien, physiquement », déclare son aide-soignant. « Il y a quelques années, il a eu tellement peur des soldats qu'il a perdu la capacité de bouger ses jambes et l'un de ses bras. Depuis, il ne s'est jamais remis à marcher. Un traitement pour ce type de problème existe dans d'autres pays, mais c'est trop cher, et de toute façon, nous ne pouvons pas quitter ce camp. »

Je suis né dans ce camp. Chez moi, c'est ici. Je n'ai jamais vécu ailleurs. J'ai vu des photos d'autres endroits. Ils avaient l'air chouettes. J'aimerais bien m'y rendre un jour, surtout dans les coins pleins d'arbres, de rivières et de lacs. Les gens sont gentils ici, mais le camp est moche. C'est tout en béton, quadrillé d'allées, et il y a souvent des chars et des soldats dans les rues. On entend beaucoup de cris et de coups de feu. Je n'aime pas ces bruits. Je préfère la musique.

On pourrait rendre ce camp plus beau, mais personne n'a d'argent, alors on s'habitue à sa laideur. De toute façon, si on construisait un bel endroit, les soldats le feraient sauter ou rouleraient dessus avec leurs chars et ça deviendrait de nouveau une ruine. Alors, à quoi bon se fatiguer ?

Ici, beaucoup de gens meurent. Les Israéliens nous attaquent au lance-missile. Il y a quelque temps, un missile a frappé une voiture dans laquelle se trouvaient une femme et ses trois enfants. Ils sont tous morts. Deux autres gosses ont été tués par une mine.

La nuit, nous entendons parfois des hélicoptères et des avions et au matin, il nous arrive de découvrir des voitures calcinées qui n'étaient pas là la veille. Les gens sont sous tension. Nous ne

Dans le camp de réfugiés de Ramallah

savons jamais quand les soldats vont venir nous harceler.

Les soldats sont passés dans ce centre, récemment. Ils ont cassé des choses et ont tout mis sens dessus dessous. Le centre est de nouveau présentable, maintenant. Des gens sont venus réparer la casse et ranger. J'ai aidé un peu, mais vu que je ne peux pas me lever de mon fauteuil, je ne pouvais pas faire grand-chose.

Les posters sur les murs représentent les martyrs qui sont morts en essayant de sauver la Palestine. Ce n'est pas très gai, mais ce sont des images fortes.

Je ne suis pas allé au-delà de la sixième au collège. Ma matière préférée, c'était l'anglais. J'aime toujours essayer de parler cette langue. Un jour, j'irai peut-être en vacances au Canada.

J'ai arrêté en sixième car je ne pouvais plus me concentrer sur mes études.

Je passe au centre tous les jours, sauf quand il y a le couvre-feu. Quelqu'un m'y accompagne. Je fais des activités artistiques, j'écoute les autres jouer de la musique, je joue aux cartes ou je bavarde simplement avec les gens. Ça me fait un lieu où aller.

L'Aïd approche. Au centre, certaines personnes préparent des plats pour les partager avec les Palestiniens du camp qui n'ont pas les moyens de fêter l'Aïd. Des odeurs très agréables s'échappent de la cuisine. J'espère qu'il n'y aura pas de couvre-feu pendant la célébration, et que nous pourrons faire la fête. Je mettrai des habits neufs, j'irai à la mosquée, et je passerai voir les familles qui sont dans ce camp. Nous ne pourrons pas rendre visite à celles qui se trouvent à l'extérieur, car nous ne pouvons pas quitter ce camp et elles ne peuvent pas y entrer.

Ce qui me plaît le plus, c'est de passer du temps avec mes amis. Nous jouons aux cartes et à d'autres jeux auxquels je peux jouer avec les mains. Ce qui me fait le plus peur, ce sont les soldats à cause de leurs armes. Ils nous détestent. Ce qu'ils veulent, c'est nous tirer dessus et nous tuer. J'aimerais qu'ils s'en aillent.

Plus tard, je veux être policier. Je serai un bon policier. Les gens me feront confiance et je les protégerai.

Si j'avais trois vœux, j'aimerais marcher de nouveau, jouer au football, et aller voir de beaux endroits.

Hakim, douze ans

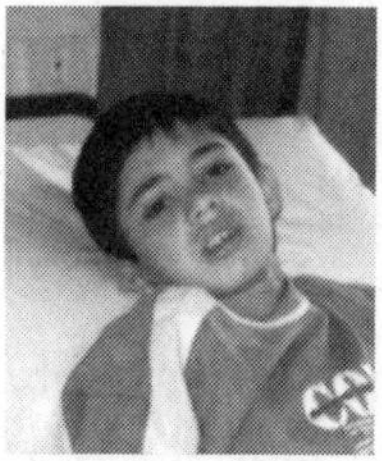

Depuis le début de la seconde Intifada, ou soulèvement palestinien, des milliers de civils palestiniens ont été blessés par l'armée israélienne ou par les colons, ou par les chars ou par les attaques des avions de chasse. Parmi ces civils, on a dénombré beaucoup d'enfants. Les enfants qui harcèlent les militaires israéliens en leur jetant des pierres reçoivent souvent en retour des coups de feu et des grenades de gaz lacrymogène.

D'après un rapport d'US AID, 22 % d'enfants palestiniens souffrent de malnutrition chronique, et un cinquième, d'anémie modérée ou grave.

Les barrages, les clôtures, les contrôles aux points de passage et les couvre-feux restreignent la quantité de nourriture arrivant en territoire palestinien. Et quand les gens n'ont plus la possibilité de se rendre sur leur lieu de travail, ils ne peuvent plus gagner l'argent nécessaire pour acheter des aliments quand ceux-ci sont disponibles. Lorsqu'un enfant est sous-alimenté, il ne peut pas avoir une croissance normale. Selon le rapport, 40 % de familles palestiniennes ont vendu une partie de leurs biens pour pouvoir se nourrir.

Hakim a été gravement blessé par l'armée. Il est petit pour son âge car il a souffert de malnutrition. Lorsque je fais sa connaissance, Hakim est allongé dans la chambre d'un hôpital palestinien. Auprès de lui, son père grimace de douleur, comme si son expression reflétait la souffrance de son fils.

J'habite à Tulkarem, une ville située en Cisjordanie. Il y a une semaine, l'armée a débarqué avec des chars et des armes. Les militaires recherchaient un homme qu'ils n'aimaient pas. Je connaissais l'homme en question. Il s'appelait Tareq al Zaghal. Ils l'ont trouvé et l'ont tué. Ils ont aussi tué un garçon que je connaissais : Ihab el Zuqla. Il avait treize ans. Ils l'ont abattu.

J'ai douze ans. Je suis en sixième, mais les soldats nous obligent à rester chez nous, alors nous manquons souvent les cours.

Les soldats israéliens m'ont tiré dans les jambes.

J'étais dans la rue avec mes copains. Nous étions cachés, et dès que nous le pouvions, nous leur jetions des pierres. Les soldats étaient en colère et ils nous cherchaient. Je cours vite. J'ai cru que je pouvais leur échapper. J'ai cru que je pouvais courir plus vite que les balles. Alors j'ai piqué

Garçons palestiniens jetant des pierres à l'armée israélienne

un sprint pour traverser la rue. En plein milieu, j'ai entendu des coups de feu. Je ne sentais plus ma jambe droite, mais j'ai continué à courir. Dans ma tête, je me souviens, je continuais à courir. Je ne savais pas encore que j'étais blessé. J'ai entendu siffler d'autres balles. Mes jambes ont arrêté de fonctionner. Je suis tombé dans la rue.

Mes copains sont venus me chercher, mais les soldats les ont repoussés.

Je me souviens des soldats, debout, m'encerclant. J'étais allongé au sol et je les regardais. Leurs armes étaient pointées sur moi. Ils ne voulaient pas laisser mes amis s'approcher. J'entendais beaucoup de cris.

Je sais que les soldats me haïssent. Je sais qu'ils veulent ma peau. Je ne comprends pas pourquoi ils m'ont laissé vivre. Ils auraient pu m'achever vu que je ne pouvais plus leur échapper en courant.

Maintenant, j'ai des broches dans les jambes. Les médecins m'ont dit qu'on m'avait tiré dessus quinze fois.

Il a fallu beaucoup plus de balles pour tuer Tareq. Tareq était mon voisin. Ce jour-là, les soldats ont abattu cinq autres Palestiniens. Ils aiment tuer les Palestiniens.

Je ne peux pas sortir de mon lit. Mes jambes sont plâtrées et je dois rester tout le temps allongé. Je ne peux aller nulle part. Si les soldats viennent me chercher ici, je ne pourrais pas m'enfuir. Mon père est là, mais il ne pourra pas me protéger.

J'ai deux frères, je suis le plus jeune. Je n'ai pas de sœurs. J'aimerais bien en avoir une. Certains de mes copains n'aiment pas leurs sœurs, mais j'aimerais bien savoir comment c'est, d'en avoir une. Je suis content que mon père puisse rester à l'hôpital, comme ça je me sens moins seul. Les infirmières et les médecins sont très gentils avec moi.

Il y a toujours eu des soldats dans ma ville. Je ne les crains pas. J'ai mon propre M16. Je l'ai taillé dans du bois. Je m'en sers pour tirer sur les soldats comme avec un vrai fusil. Ils ne me font pas peur. Avec les autres garçons, on s'entraide. Quand quelqu'un est blessé, on se met à plusieurs pour le dégager de la rue.

J'attaque beaucoup les soldats. Ça me fait du bien de leur jeter des pierres. Ils n'ont pas à occuper ma ville alors je leur jette des pierres pour qu'ils s'en aillent. Je n'aime pas ce qu'ils font. Ils arrêtent des Palestiniens, même des enfants, et les obligent à s'asseoir avec les yeux bandés et les mains attachées dans le dos. Ils font sauter les maisons des gens. Ils nous affament. Je les hais.

Ils m'ont tiré dessus plusieurs fois avec des balles en plastique. Les balles m'ont atteint à la poitrine et aux jambes. Ça fait très mal. Ça laisse des bleus énormes. J'ai aussi reçu du gaz lacrymogène. Ça brûle les yeux et ça fait pleurer.

J'ai mal aux jambes. J'ai mal partout. Mes jambes sont coincées dans des plâtres et je ne peux pas les remuer. Je ne peux ni m'asseoir, ni marcher, je ne peux rien faire.

Je ne connais pas d'Israéliens. Je n'ai pas envie de faire leur connaissance. Ils ne sont pas comme moi. Ils ne pensent qu'à tuer. Ils trouvent que leurs enfants comptent, mais pas ceux des autres. Mes trois vœux ? Je n'en ai qu'un. Être bientôt rétabli pour aller attaquer les Israéliens.

Yibaneh, dix-huit ans

Kids for Kids est une organisation qui offre aux enfants victimes du terrorisme une aide psycho-sociale, des loisirs, des jouets. Le conflit israélo-palestinien a tué des enfants des deux côtés, mais des milliers de garçons et de filles ont également été blessés, brûlés, ont perdu la vue, sont devenus infirmes et ont été traumatisés par cette guerre. Kids for Kids fait partie des organisations qui essayent d'aider ces enfants-là. Dans leur bureau situé au cœur du quartier juif de la Vieille Ville de Jérusalem règne une ambiance chaleureuse et décontractée.

Yibaneh a récemment perdu un ami proche quand un Palestinien a ouvert le feu au sein du collège de l'implantation où il réside. Yibaneh a rejoint Kids for Kids et prépare actuellement un programme de vacances pour des adolescents, afin qu'ils puissent oublier un peu la guerre et leur chagrin.

Je suis né en Israël. L'implantation où j'habite s'appelle Silo. C'est au nord de Jérusalem. Les juifs y vivent depuis trois mille ans. La Bible en parle notamment dans le livre des Juges. C'est à cet endroit que le prophète Samuel a entendu la parole de Dieu. Les ruines de l'ancienne ville de Silo sont encore là.

La nouvelle implantation est plus moderne, bien sûr. Elle est équipée d'une grande piscine, d'une bibliothèque et de tout ce que l'on trouve dans une ville normale. Beaucoup d'écrivains, d'artistes, de menuisiers se sont installés ici. Nous formons une petite communauté, nous dépendons donc davantage les uns des autres. J'ai six frères et sœurs. Entre les études, les organisations pour la jeunesse et d'autres activités, nous sommes très occupés.

Au cours des dix dernières années, les choses

ont changé en Israël. Il y a dix ans, lors de la première Intifada, c'était plus calme. Les Palestiniens nous jetaient des pierres, mais ce n'était pas très grave. Peu d'Israéliens étaient tués.

Aujourd'hui, c'est différent. Ils ont assassiné mon ami.

Les routes sont dangereuses. Quand nous traversons les villages palestiniens en voiture, nous savons que quelqu'un peut nous tirer dessus. J'ai fini par m'y habituer. Ça ne me fait plus grand-chose. Lorsque nous tombons sur un endroit où un échange de coups de feu a eu lieu, nous jetons un œil, simplement par curiosité, mais je ne ressens rien.

Il y a plusieurs années, nous avons essayé d'organiser des matchs de jeux d'équipe avec les Palestiniens du village voisin, mais l'Intifada a commencé et ça n'a jamais été possible. Les Palestiniens nous ont dit : « Nous ne pourrions pas participer aux matchs, même si nous en avions envie. Les gens de notre village nous accuseraient de trahison et nous tueraient. »

À cette époque, j'aurais aimé jouer avec des gosses palestiniens. En sport d'équipe, je peux jouer avec n'importe qui, alors ça ne m'aurait pas gêné. Ça ne m'intéresse plus, maintenant. Je n'ai rien à gagner à essayer de connaître quelqu'un qui me hait. Et on me prendrait pour un faible.

Je sais qu'il y a des gens bien parmi les Palestiniens. Au sein d'un peuple entier, tout le monde ne peut pas être mauvais. Mais les gens bien ne s'expriment pas assez fort ou ne sont pas écoutés, ou ne sont pas assez nombreux. Ils ont des dirigeants qui sont des assassins comme Yasser Arafat.

Je vais m'engager dans l'armée, bientôt. C'est capital. L'armée protège nos familles, nos amis, notre pays. L'entraînement va être très dur, mes missions aussi, mais ça ne me dérange pas. Au moins, chaque jour, j'aurai un but.

Un mur se construit autour de la Cisjordanie. Certaines parties sont déjà érigées. C'est censé nous séparer des Palestiniens. Je ne suis pas sûr que ça soit efficace. Ils parviendront probablement à s'introduire chez nous malgré la muraille.

Il n'y a pas de clôture autour de ma communauté. Je crois que ça ne serait pas utile qu'il y en ait une. Nous devrions faire la guerre et ne plus parler de paix. Quand un terroriste habite dans un village spécifique, nous devrions faire souffrir tout son village. L'armée rase les maisons des kami-

Officier de police israélien emportant un bébé en lieu sûr après un attentat suicide

kazes, mais ce n'est pas suffisant. Cela n'a pas empêché les Palestiniens de nous tuer.

Deux de mes amis ont été assassinés par des Palestiniens. L'un a été abattu. L'autre, tué par une bombe. Aucun d'eux n'était dans l'armée. Ils n'avaient que dix-sept ans. Ils ne faisaient de mal à personne. Ils n'auraient pas dû mourir. J'ai grandi avec eux. Nous étions ensemble depuis l'école maternelle. Il n'y a que deux cents familles dans notre implantation, tout le monde se connaît. Nous allions faire de l'escalade, du sport, nous allions au cinéma. Ils sont morts, il y a deux semaines. Ça me pèse tout le temps.

Depuis, je pense davantage au sens de la vie, et en particulier, au sens de la vie en Israël. Pourquoi suis-je en Israël ? Est-ce un pays qui est bien pour moi ? Y a-t-il un autre endroit ? Non, il n'y en a pas. C'est ici que je suis censé être. Mais ce n'est pas facile de comprendre pourquoi.

Dieu est moins clair qu'avant. Il a un plan, mais il est difficile d'imaginer que le conflit actuel puisse bien se terminer.

Wafa, douze ans

Pour décourager les gens d'agir contre Israël, le gouvernement israélien fait démolir les maisons des militants palestiniens. Des habitations palestiniennes ont été rasées pour pouvoir ériger le mur de sécurité, et pour créer l'espace nécessaire à l'expansion des colonies. Les maisons sont démolies avec des explosifs et des bulldozers.

Selon l'UNRWA, ces démolitions ont souvent lieu tard le soir et sans préavis. Les bulldozers bénéficient du renfort de chars, de transporteurs de troupes blindés et d'hélicoptères.

Entre septembre 2000 et mai 2003, douze mille

Palestiniens se sont retrouvés SDF suite à la destruction de leurs maisons. Depuis 1967, plus de huit mille foyers ont été délibérément rasés dans les Territoires palestiniens.

Wafa, une jeune fille de douze ans, a assisté plusieurs fois à la démolition de sa maison. Son père est un activiste palestinien pacifique qui travaille avec des Israéliens au sein du Israeli Commitee Against House Demolitions, un comité israélien contre la démolition des maisons. Des volontaires israéliens ont aidé la famille de Wafa à reconstruire leur domicile chaque fois que les militaires l'ont détruit.

La première fois que ma maison a été démolie, j'avais huit ans. Avec ma famille, nous étions dans le salon. Quelqu'un a frappé à la porte. Mon père a ouvert. Des soldats lui ont dit : « Désormais, ce n'est plus votre maison. C'est la nôtre. »

Mon père a répondu : « Vous vous trompez. C'est encore ma maison et je ne vais pas vous la donner. » Il a essayé de repousser les soldats, mais ils étaient trop nombreux. Ils ont frappé mon père à la tête avec leurs fusils. Il s'est effondré au sol. Ils lui ont donné des coups de pieds, l'ont traîné dehors et ont procédé à son arrestation. Ma mère

Ruines d'une maison démolie dans un camp de réfugiés de Ramallah

criait et essayait de le rejoindre. Elle a frappé les soldats de ses poings. Ils l'ont également frappée en retour, très fort, tellement fort qu'elle a été hospitalisée.

Après les soldats se sont mis à casser des choses. Ils ont tiré des grenades de gaz lacrymogène dans la maison. Avec mes frères et sœurs, nous ne pouvions plus respirer, alors nous sommes sortis et nous nous sommes mis à courir dans la nuit. Les soldats avaient des masques à gaz. Nous ne pouvions pas voir leurs visages. Ils ressemblaient à des monstres. Ils ont une sorte de fusil qui envoie des grenades de gaz lacrymogène et qui transforme l'air en poison. Ça me fait suffoquer, mes yeux pleurent et mon visage devient brûlant.

Après être sortie de chez moi, j'ai vu un soldat donner un coup de pied à ma petite sœur qui était tombée en trébuchant. Il lui hurlait de se relever si elle ne voulait pas finir écrasée par le bulldozer. J'ai essayé de la rejoindre, mais un soldat m'a frappée avec son M16 et m'a poussée au sol.

Tout le monde a évacué les lieux. J'ai regardé le bulldozer géant démolir ma maison. À l'intérieur, tout a été également détruit.

Mon père a plein d'amis israéliens. Il les a appelés et ils nous ont aidés à reconstruire la maison. Avant, je pensais que tous les Israéliens étaient nos ennemis. Mais quand je les ai vus si nombreux à venir nous donner un coup de main, j'ai changé d'avis. Les soldats n'étaient pas méchants avec nous parce qu'ils étaient Israéliens. Ils étaient méchants avec nous par plaisir et parce que ça faisait partie de leur travail.

Au collège, on nous a expliqué comment les Israéliens avaient été traités par les Allemands pendant la Seconde Guerre mondiale. Les Allemands les ont tués et ont brûlé leurs corps dans des fours. Aujourd'hui, je pense que les Israéliens montrent qu'ils en veulent aux Allemands en faisant du mal aux Palestiniens. Je peux comprendre ce qu'ils ressentent, mais ça ne leur donne pas pour autant le droit de se venger sur nous. Si j'en veux à mon père, je ne vais pas taper sur mon frère pour me soulager. Je ne sais pas quelle est la solution car les Israéliens ne peuvent pas déclarer la guerre aux Allemands, maintenant. Je ne sais pas ce qui pourrait arranger la situation. Rien, peut-être.

J'ai de bons souvenirs de ma maison. Dans ma chambre, il y avait des lits, des espaces de rangement pour les livres, les jouets, les poupées, les puzzles et toutes les choses qu'ont habituellement les enfants.

Je n'ai plus besoin de ces choses. Je ne suis plus une enfant, même si j'aime toujours jouer à cache-cache avec mes copains. Au collège, ma matière préférée, c'est l'anglais.

Nous avons reconstruit la maison avec des amis israéliens et palestiniens. Dès que ça a été terminé, les bulldozers sont revenus la démolir.

Des centaines de volontaires nous ont aidés à la reconstruire une troisième fois. À la fin des travaux, les soldats l'ont détruite.

Après tant de mois, j'étais tout excitée à l'idée d'habiter dans une vraie maison, mais ils l'ont démolie. Des volontaires doivent revenir dans quelques semaines. Nous continuerons de reconstruire la maison jusqu'à ce que les Israéliens se fatiguent.

Les soldats sont partout. Ils me font peur car je ne sais pas ce qu'ils vont me faire ni à quel moment. Ils imposent le couvre-feu dans ma ville. Ils m'empêcheront de faire les choses qui me permettront de grandir normalement.

Pendant le couvre-feu, on ne peut pas sortir. Ceux qui sortent se font tuer. Même les femmes.

Maison détruite par un bulldozer dans un camp de réfugiés

Même les enfants. Les Israéliens tirent sur n'importe qui. Pour eux, qu'on soit en train de faire quelque chose de mal ou pas, c'est pareil. Ils vous tirent dessus même si vous regardez par la fenêtre. Alors nous restons enfermés avec les stores baissés sans pouvoir profiter du soleil.

Parfois, je fais mes devoirs. Parfois, je lis ou je regarde la télévision ou je joue avec mes frères et sœurs. Nous nous disputons beaucoup quand il y a un couvre-feu. Nous nous retrouvons coincés ensemble et nous n'arrivons plus à nous supporter alors nous nous battons.

Les soldats emploient différentes armes contre nous. Quelquefois, ils viennent en hélicoptère. On peut entendre le bruit qu'ils font, surtout quand ils volent bas pour essayer de nous effrayer. Ils se servent de gaz lacrymogène, de fusils, de chars et d'un genre de bombe qui renverse les gens. Ce type de bombe a été lancé à l'intérieur de la maison de mes amis.

J'entends parler des enfants qui habitent dans d'autres pays. Les enfants irakiens sont comme moi. Ils ont peur des bombes et d'être attaqués. En Europe et aux États-Unis, les jeunes vivent dans de bonnes conditions. Ils s'amusent, ils vont à l'école et ils n'ont pas de couvre-feu, mais nous, les enfants de Palestine et d'Irak, nous avons peur tout le temps.

Ce que je hais le plus, ce sont les Israéliens. Pas les Israéliens qui essayent d'être amis avec les Palestiniens, mais ceux qui nous oppressent. Plus tard, je transformerai ma haine en action et je participerai à la résistance armée. Les filles et les femmes palestiniennes sont de très bonnes combattantes.

Je déteste franchir les points de passage. Les soldats israéliens nous traitent comme des chiens. Ils nous font attendre et attendre et attendre sans raison valable, simplement parce qu'ils en ont le pouvoir. Ils ne nous parlent pas. Ils nous ignorent, comme si nous n'existions pas, comme si nous n'étions même pas des gens.

Puis ils crient : « Venez ! » Comme s'ils s'adressaient à des bêtes. « Venez ! », « Restez ici ! »

Ils veulent que nous nous sentions assiégés, prisonniers. Ils nous font attendre si longtemps que quand nous pouvons enfin avancer, je n'en ai même plus envie.

Ça me plairait de tuer un Israélien. Je me sentirais forte. J'en ai marre d'avoir l'impression d'être faible et petite à cause d'eux. Je veux me sentir fière de moi.

Enfant palestinien transportant des livres devant la maison de sa famille qui a été détruite par les chars et les bulldozers israéliens

Les Israéliens ne nous laisseront jamais en paix. Tant que nous n'aurons pas de bons dirigeants, et surtout de bons dirigeants israéliens, qui ne nous haïssent pas, nous ne vivrons pas en paix. Ma mère est déprimée depuis longtemps. Elle a arrêté de parler. Chaque fois que notre maison était détruite, elle devenait de plus en plus triste. Son chagrin a fini par la rendre muette. Entendre sa voix me manque encore plus qu'avoir une vraie maison. J'avais tellement envie qu'elle me parle, qu'elle me dise n'importe quoi... Elle n'y arrivait pas. Elle va un peu mieux, maintenant, et ça me soulage. Mais j'ai peur que ça recommence.

Mes trois vœux ? Je souhaite que tous les Israéliens qui essayent de nous prendre notre terre soient tués. Je veux réussir mes études pour les faire stresser. Les Israéliens n'aiment pas que nous soyons instruits. Ils ferment souvent nos écoles. Et j'aimerais bâtir une maison que les soldats ne pourront pas démolir et y vivre avec ma famille.

Asif, quinze ans

Il est impossible d'ignorer la guerre. Que l'on soit soldat ou l'être cher d'un soldat, que l'on soit victime ou l'être cher d'une victime, ou que l'on soit un contribuable qui paie des impôts pour financer la guerre, le conflit touche tout le monde. Ce n'est pas une situation dans laquelle les gens peuvent rester neutres. Avec ses parents et son jeune frère, Asif habite dans un quartier calme et résidentiel de Jérusalem-Ouest. La guerre est un sujet de discussion fréquent entre Asif et ses amis. Dans quelques années, ils seront obligés de servir dans l'armée. La façon dont la guerre évo-

lue a donc un impact réel et direct sur leur avenir.

Je suis en seconde. Ma matière préférée, c'est l'éducation physique. Ce que je préfère, c'est discuter avec mes potes au café.

Quand on est juif en Israël, on grandit plus vite que les gosses d'autres pays. Très jeune, on se retrouve confronté à la réalité et on doit se préparer à l'assumer.

Pendant deux ans, j'ai vécu en Californie à Palo Alto et j'ai remarqué qu'il y avait une grande différence entre les adolescents de là-bas et ceux d'ici. Là-bas, ils peuvent vivre sans savoir ce qui se passe dans le monde. Pas nous. Ce n'est pas un choix que nous avons fait. C'est notre réalité. La guerre m'a obligé à m'impliquer davantage dans le monde.

Quand j'avais onze ans, je participais à des ateliers d'art plastique avec des enfants palestiniens. C'était tranquille. Tous les gosses se concentraient sur leurs activités artistiques et on ne se battait pas parce qu'ils étaient Palestiniens et moi Israélien.

Je n'ai pas peur des bombes. Je vis de la même façon qu'avant. Il y a des gens qui se cachent en restant chez eux, mais ça ne fait qu'accroître leur peur. En se cachant, ils ne sont pas plus en sécurité. Je ne suis pas stupide. Quand je sors j'ai l'œil, mais je ne vais pas m'arrêter de vivre.

Par ailleurs, la police et les soldats sont partout. Parfois, ils m'arrêtent dans la rue pour fouiller mes sacs. Ils font ça à beaucoup de gens. Et il y a des gardes dans la plupart des lieux publics. Même pour boire un café, on doit les laisser nous fouiller et franchir un détecteur. Nous ne pouvons jamais oublier que nous habitons en Israël, ni ce qui s'y passe.

Quand j'aurai dix-huit ans, j'effectuerai mon service militaire pendant trois ans. C'est la loi. Il y a des jeunes qui n'aiment pas ce que fait Israël et qui refusent de servir dans l'armée. Je ne refuserai pas, même si je ne suis pas d'accord avec tout ce qu'ils font.

Pendant trois ans, l'armée m'exploitera, mais je les exploiterai, moi aussi. Je ferai en sorte que cette expérience soit la plus profitable possible.

Si je reçois un ordre qui me déplaît, si je pense que cet ordre est injuste, je m'y opposerai. C'est important de protéger les gens, les Palestiniens, j'entends. Je veux être celui qui préserve une morale dans l'armée afin d'empêcher les autres soldats de maltraiter les Palestiniens. Ça sera mon rôle.

Si je refusais de m'engager dans l'armée, un conseil de discipline militaire se réunirait pour discuter de mon cas. Il est quasiment certain qu'ils m'enverraient en prison. Je peux uniquement échapper à l'armée s'ils me prennent pour un psychotique, mais s'ils décident que j'en suis un, alors je ne trouverai jamais de travail. Et si je purge une peine de prison pour avoir refusé de remplir mes obligations militaires, personne ne voudra m'engager. Mais ça n'a pas d'importance, vu que je n'ai pas l'intention de refuser. Ce serait trop facile, un peu comme faire l'autruche pour éviter le problème.

Les filles ne sont pas obligées de servir dans l'armée. À la place, elles peuvent exécuter des travaux d'intérêt général pour la communauté.

Certaines personnes se servent de Dieu pour justifier certaines choses. Ils disent : « C'est la volonté de Dieu, Il veut que nous fassions cette guerre », « Dieu veut que nous tuions ces gens », « Dieu est avec nous. » Ce qui revient à déclarer : « Je ne suis pas responsable de mes actes. »

Si tu décides d'agir, tu dois en assumer les conséquences, pas Dieu. Je hais les colons israéliens plus que les terroristes. Les colons se prennent pour des êtres humains plus importants que les Palestiniens. Ils pensent qu'ils peuvent chasser les gens de leur terre et se l'approprier, simplement parce qu'ils le désirent. Ils sont horribles et ils ne font qu'envenimer la situation.

Je pense que nous ne nous en sortirons jamais, sauf si nous donnons aux Palestiniens leur propre État. C'est le seul moyen de faire la paix. Chacun devra faire un compromis pour obtenir ce qu'il veut. Nos deux peuples vivent ici. Ni l'un ni l'autre ne partiront. Je comprends les kamikazes. C'est l'occupation israélienne de leur terre qui les pousse à faire ce qu'ils font. Ce n'est pas difficile à comprendre. Nous, les juifs, nous avons été violents envers les Anglais lorsqu'ils contrôlaient Israël. En nous battant pour être libres, nous avons tué des gens et fait exploser des bombes. Nos soldats tuent et terrorisent les Palestiniens, et rien ne s'améliore. C'est même de pire en pire. C'est difficile d'accepter de faire la paix avec son ennemi. Pour un kamikaze, c'est plus facile de se suicider en entraînant également la mort de quelques Israéliens.

Salam, douze ans

Quand quelqu'un se suicide, cela signifie qu'il se donne la mort. Le suicide est généralement associé au désespoir, à l'incapacité de trouver une solution pour résoudre ses propres problèmes, et à l'incapacité de faire face à un jour nouveau dans des circonstances qui, elles, restent inchangées. Les gens qui se donnent la mort ont souvent l'impression qu'ils n'arriveront pas à améliorer leur vie.

Les kamikazes se suicident en s'attachant de la dynamite ou un autre explosif autour du corps. Ils se rendent ensuite à un lieu public, et se font sauter, tuant également quiconque se trouve autour d'eux.

Un certain nombre de Palestiniens ont choisi ce genre de suicide et ont tué quantité d'Israéliens de cette façon.

Beaucoup de Palestiniens désapprouvent le geste des kamikazes. Selon eux, seuls des moyens non violents pourront apporter un changement progressif et durable, et ils ont donc mis en place des organisations visant à renforcer la cohésion du peuple palestinien à travers l'éducation et l'activisme. Ils pensent que les kamikazes offrent à l'armée israélienne une excuse idéale pour accroître l'oppression. Ils pensent aussi que les kamikazes donnent au monde une mauvaise image des Palestiniens.

Mais aux yeux d'autres Palestiniens, les kamikazes sont des martyrs ou des héros. Des posters à leur effigie placardent les murs des villes et des camps de réfugiés palestiniens. Les enfants collectionnent des cartes et des babioles portant le nom et la photo des kamikazes. Selon une croyance, il est dit des gens qui meurent en martyrs qu'un endroit merveilleux leur sera réservé au paradis. Leurs familles reçoivent une compensation financière en retour, de la part de gouvernements étrangers. Certains lieux de colonies de vacances portent le nom de kamikazes, et les journaux et la télévision leur rendent hommage.

Avant de se faire exploser et d'entraîner la mort du plus grand nombre d'Israéliens possible, ils se filment et parlent de l'acte glorieux qu'ils sont sur le point d'accomplir.

Le 29 mars 2002, Aayat Al-Akhras, une jeune fille âgée de dix-sept ans, a pénétré dans un marché de chaussures situé à Jérusalem-Ouest et s'est fait sauter. Avec elle, sont morts un garde et une jeune fille de dix-sept ans, Rachel Levy. L'explosion a également blessé vingt-huit personnes.

La famille d'Ayaat réside à Dheisheh, un camp de réfugiés situé en périphérie de Bethléem. Le camp débute à la sortie de la ville. Un énorme char est garé devant la basilique de la Nativité, construite là où est né Jésus. Bien que Noël approche, il n'y a ni pèlerins, ni touristes, ni résidents. Le couvre-feu a été décrété à Bethléem.

Aucune barrière ne sépare la ville du camp. Des allées boueuses longent les immeubles et des posters des martyrs décorent les murs. Nombre d'entre eux représentent Aayat. La rue où habite sa famille est identique aux autres rues du camp.

Le gouvernement israélien fait généralement détruire le logement des familles des kamikazes qui se retrouvent ensuite sans logis. Mais jusqu'à présent, grâce à des avocats israéliens, le bâtiment en béton où réside la famille d'Aayat a été épargné. Des photos d'Aayat tapissent les murs de la maison. Dans le salon, un cadre agrémenté d'une magnifique broderie blanc et vert entoure une immense photo d'elle.

Salam a douze ans. C'est la sœur d'Aayat.

J'ai six sœurs et quatre frères. Je suis en sixième. Plus tard, je veux être avocate.

Je suis fatiguée parce que je n'ai pas assez dormi. Quand les soldats viennent, ils débarquent souvent la nuit, alors la peur m'empêche de fermer les yeux. Je préfère les garder ouverts comme ça je ne risque pas d'être surprise. Quand les soldats arrivent et que je ne m'y attends pas, c'est pire que tout. Ça me terrifie et j'ai honte.

Il y a un couvre-feu en ce moment alors je peux dormir à n'importe quelle heure puisque de toute façon nous n'avons pas le droit de sortir de chez nous. Les couvre-feux ne me dérangent pas car je n'aime pas le collège, et il n'y a pas cours pendant les couvre-feux. Je n'aime ni étudier ni faire mes devoirs. Pourquoi me fatiguerais-je ? Les Israéliens feront tout pour que nos diplômes ne nous servent à rien. Alors à quoi bon étudier ?

Ce qui m'embête, c'est de ne pas pouvoir retrouver mes amis et de ne pas mener une vie normale pendant le couvre-feu. Mais si nous quittions la maison, les soldats nous tireraient dessus.

Je ne fais rien de spécial avec mes amis quand je les vois. Nous aimons simplement être ensemble. C'est lassant d'être coincée avec mes frères et mes sœurs.

Il y a toujours eu des soldats. Ils nous détestent. Ils nous encerclent. Ils nous jettent du gaz lacrymogène, ils crient sur les enfants, ils démolissent les maisons, ils arrêtent les gens et ils les forcent à s'asseoir les yeux bandés pendant longtemps, en riant, en les humiliant.

Israéliens manifestant contre la politique de leur gouvernement

Comme tous les gens de mon entourage, j'ai déjà été blessée à cause des soldats. Je connais des enfants, plus jeunes que moi, qui ont été blessés ou tués par des militaires. J'ai même vu des soldats tirer sur une ambulance. Ça ne les gêne pas. Ce qu'ils veulent, c'est nous tuer tous.

Il n'y a pas besoin de faire des bêtises pour être attaqué par les soldats. Se promener dans la rue peut suffire. Un jour, je me baladais avec mes copines, il n'y avait pas de couvre-feu, et les Israéliens ont tiré sur un garçon qui était près de nous. Ensemble, nous l'avons transporté au bord de la route. Il n'est pas mort. Il était simplement blessé.

Quand j'ai appris la mort de ma sœur, j'étais dans la cuisine. Elle était en retard pour le dîner. Nous l'attendions tous pour manger. Mes parents regardaient la télévision et ils ont entendu la nouvelle aux informations.

Elle ne m'a pas dit qu'elle allait faire ça. Nous dormions dans la même chambre, mais elle ne m'en a pas parlé.

J'ai beaucoup pleuré.

Ce soir-là, l'armée a débarqué à la maison. Les soldats ont cassé des choses. Ils ont crié. Ils ont détruit notre porte. Sarah, l'une des femmes d'une organisation internationale, était chez nous. Elle leur a hurlé d'arrêter, mais ils ont continué. Ils l'ont frappée comme si elle avait été une Palestinienne. Ils ont arrêté mon frère. Il est toujours en prison. Il n'a rien fait, mais ils s'en fichent.

Nous avons tous été obligés de sortir. Ils nous ont plaqués au sol. Ils ont emmené mes frères. Nous avons dû payer cher pour faire sortir certains d'entre eux.

Je partageais ma chambre avec Aayat. Elle était soigneuse, comme moi. Une de mes sœurs est désordonnée et je suis contente de ne pas être dans la même chambre qu'elle. Aayat et moi, nous nous entendions normalement, comme les autres filles. Quelquefois, nous nous disputions. Un jour, elle a emprunté mes chaussures sans me demander la permission. J'étais furieuse.

Elle passait beaucoup de temps à étudier. Elle était meilleure élève que moi. Elle me poussait toujours à travailler davantage, mais je n'en voyais pas l'intérêt. J'avais raison. Étudier n'a pas profité à Aayat.

Elle ne m'a pas dit qu'elle allait faire ça. Elle aurait dû. J'aurais gardé le secret si elle me l'avait demandé. J'aurais aimé lui en parler, peut-être préparer pour elle un petit déjeuner spécial ce jour-là, ou autre chose. Elle aurait dû me le dire.

Elle n'en a parlé à aucun d'entre nous. Elle était sur le point de finir le lycée et de se marier. Elle continuait les préparatifs, comme si de rien n'était. Son fiancé est souvent là, maintenant. Il est tout le temps triste.

Ne me prenez pas en photo. Quelqu'un a publié ma photo dans un grand magazine américain. Je pleurais sur le cliché et je n'aime pas le fait que les gens en Amérique puissent me voir pleurer. Alors ne me prenez pas en photo.

On voit la photo d'Aayat partout ici, sur les murs, dans les journaux. Elle est célèbre. C'est une martyre et en ce moment elle est au paradis où paraît-il tout est très beau. J'aimerais bien la rejoindre là-bas. Il faudrait que je devienne une martyre comme elle pour pouvoir avoir droit au paradis.

Quand je la reverrai, au ciel, je lui demanderai pourquoi elle ne m'a pas parlé de ses projets.

À mon avis, ça ne me ferait pas mal, si je me faisais sauter. Ça n'a pas fait mal à ma sœur, je pense. Elle a été très courageuse, et elle ne devait pas avoir peur du tout. Elle était probablement très heureuse.

Je ne sais pas si la fille qui a été tuée a une sœur de mon âge. Qu'est-ce que ça peut faire ? Je ne connais pas de jeunes Israéliens. Pourquoi aurais-je envie d'en connaître ?

Mai, dix-huit ans

En Israël, il existe différents points de vue sur le conflit israélo-palestinien. Certains groupes appellent à l'expulsion totale des Palestiniens vivant dans la région, mais d'autres groupes œuvrent pour la paix, la compréhension et le retour au calme. Women in Black (Femmes en Noir), une organisation féministe également ouverte aux hommes, fut créée en 1988. Le concept de femmes vêtues de noir se rassemblant dans un lieu public pour manifester silencieusement contre la guerre et l'injustice fut ensuite repris à travers le monde. Les manifestations de

Women in Black ont aujourd'hui lieu en Argentine, en Australie, à Bahreïn, au Canada, en Colombie, au Costa Rica, au Danemark, en Égypte, en France, en Allemagne, en Irlande, en Israël, en Italie, au Japon, au Mexique, aux Pays-Bas, en Pologne, au Portugal, en Serbie et au Monténégro, en Espagne, en Suède, en Suisse, en Turquie, au Royaume-Uni et aux États-Unis. Women in Black a également manifesté au Cachemire et dans certains pays d'Afrique déchirés par la guerre.

L'objectif de cette organisation est de mettre un terme à la guerre et à la violence à tous les niveaux. Il peut s'agir de guerres locales et de crimes contre l'humanité comme les viols et la torture. Mais la plupart des femmes de cette organisation manifestent contre l'occupation de la Palestine.

Les manifestantes sont silencieuses. Elles brandissent leurs pancartes et leurs bannières, conservent leur calme et leur dignité, même face aux hurlements désapprobateurs des gens opposés à leur mouvement, comme c'est souvent le cas en Israël.

Mai a participé à la manifestation de Women

in Black qui s'est tenue au centre-ville de Jérusalem.

Je suis en terminale. J'ai décidé de ne pas servir dans l'armée.

Mon père est comédien. Ma mère écrit et met en scène des pièces de théâtre.

J'aimerais étudier l'art. À travers l'art, nous pouvons mieux comprendre le monde et nous comprendre.

La guerre m'a beaucoup troublée. Je suis très impliquée dans des activités politiques destinées à attirer l'attention des gens sur l'injustice actuelle et à améliorer la situation. En ce moment, je suis en train de créer un groupe que j'ai appelé New Profile. Ce groupe nous permettra de débattre de l'armée et de la guerre avec d'autres jeunes.

Ne pas s'engager dans l'armée est très difficile. Les gens font pression pour que tout le monde, y compris les filles, accomplisse ses obligations militaires. De nombreuses filles s'engagent. Elles effectuent à peu près le même travail que leurs homologues masculins.

Les Israéliens ont du mal à se faire des amis palestiniens. Faire leur connaissance est très difficile, même pour moi qui suis contre l'occupation.

À Jérusalem, lors d'un séminaire, j'ai eu l'occasion de rencontrer des Palestiniens de Jénine. Ils étaient très chaleureux, très amicaux. En principe, il leur est quasiment impossible de quitter Jénine à cause des soldats qui les refoulent aux points de passage. Aujourd'hui, je me suis jointe à la manifestation de Women in Black et j'en ai profité pour parler de New Profile. Quand on pense que quelque chose est injuste, il est important de l'exprimer, autrement tout le monde croit que l'on est d'accord avec ce qui se passe. Le seul moyen d'améliorer les choses est de faire entendre sa propre opinion.

Ma famille soutient mon activisme. Je connais beaucoup de jeunes vivant dans les implantations, qui eux n'aiment pas les manifestations de Women in Black. Ils pensent que ce genre de rassemblement nuit à Israël et renvoie l'image d'un État faible. Je trouve au contraire que cela nous rend plus forts car cela prouve que nous sommes une société ou les différences d'opinion peuvent être exprimées.

Ils pensent que les Arabes devraient partir s'installer dans d'autres pays afin de laisser Israël aux juifs. Tout le monde ne partage pas cet avis. D'après moi, la plupart des gens aspirent à la paix et pour l'obtenir, il faut apprendre à se connaître les uns les autres et décider de s'entendre.

Quand on m'annonce qu'un kamikaze s'est fait sauter ou qu'une voiture piégée a explosé, je panique pendant quelques minutes en espérant que ma famille ou mes amis ne sont pas blessés. Puis la vie continue. Cela arrive si fréquemment que je m'y suis presque habituée. On finit par apprendre à poursuivre sa vie, malgré tout.

Cette guerre ne peut pas durer éternellement, mais il risque de s'écouler beaucoup de temps avant que les Israéliens parviennent à fréquenter les Palestiniens de la même façon qu'ils fréquentent les autres Israéliens. Aujourd'hui, il est important de mettre en œuvre des moyens qui nous permettent de rester en contact avec les Palestiniens. Ce n'est que comme ça que la paix arrivera. Mais le mur en construction qui sépare nos deux peuples ne va pas nous aider à mieux nous connaître.

Je ne vois pas où est Dieu dans cette histoire. Je n'ai jamais cru en Dieu. Nous construirons notre propre paix comme nous avons fabriqué notre propre guerre.

Manifester est un acte efficace. Cela aide à influencer l'opinion des gens. Il est important de faire part aux autres de ce en quoi l'on croit. Ils partagent peut-être votre point de vue et trouveront peut-être le courage de l'exprimer en vous voyant manifester.

Épilogue

L'histoire se fait avec chaque jour nouveau et à chaque nouveau moment.

Depuis que ce livre a été écrit, la situation au Proche-Orient a continué de changer et d'évoluer. Le président palestinien Yasser Arafat est mort et les Palestiniens ont un nouveau dirigeant. Le mur qui entoure la Cisjordanie s'est agrandi. Le gouvernement israélien a annoncé qu'il allait retirer ses colons de la bande de Gaza et il fait construire de nouvelles implantations en Cisjordanie.

Pour certains Palestiniens et Israéliens, ces nouveaux développements devraient garantir une paix durable. Pour d'autres, des deux côtés, ces changements ne pourront qu'accroître la violence et l'injustice.

Dans quelques années, les jeunes figurant dans ce livre se trouveront parmi des gens en mesure de prendre des décisions concernant l'avenir de leur pays et de leur peuple. Les adolescents qui lisent ce livre décideront bientôt de l'avenir de leur pays et de leur peuple.

L'histoire n'a pas à se répéter.